トップアスリートたちが教えてくれた胸が熱くなる33の物語と90の名言

西沢泰生

PHP文庫

○本表紙図柄＝ロゼッタ・ストーン（大英博物館蔵）
○本表紙デザイン＋紋章＝上田晃郷

はじめに　アスリートたちが教えてくれる、強くて、しなやかなメンタル

壁にぶつかってしまい、なかなか、うまくいかないとき。

努力が報《むく》われず、挫折しそうなとき。

ここ一番の場面で失敗して、落ち込んでしまったとき……。


そんなときに、アスリートたちの姿を見ると、元気をもらえます。


なぜなのでしょう？

それは、過酷な「勝負の世界」に生きる、彼らの姿に感動するから。

野球、サッカー、ラグビー、柔道、相撲、陸上競技、ボクシング、フィギュアスケート……。

常に、残酷なほどに「勝ち」と「負け」をハッキリと突きつけられる。

それが、アスリートたちの世界です。

どんなに長い時間、死に物狂いで練習しても、負けるときは負ける。

努力が報われるとは限らない。いや、むしろ報われないことのほうが多い。

トーナメントでは、数多くのチームのなかから、優勝できるのは、たったの1チームだけ。個人競技なら、勝者は、たったの1人だけ。

オリンピックで金メダルを取るなんて、もう、奇跡のようなもの。


そんな厳しい世界で、全身全霊をかけて戦うアスリートの姿は、ときに神々《こうごう》しいまでに美しく、力強い。

だから、私たちは、彼らの姿に感動できる。

そして、力をもらえる。


日々、自分を磨き、戦い続ける彼らアスリートのメンタルは、鋼《はがね》のように強く、竹のように、しなやかです。

だからこそ、彼らの言葉には重みがある。

本書は、そんな**アスリートたちのエピソードと言葉に触れるための本**です。

オリンピック選手たちを中心に、プロ野球やサッカーなど、幅広いスポーツのアスリートたちに登場していただきます。

構成は次のとおりです。

第1章 アスリートたちの「元気と勇気がもらえる話」
第2章 アスリートたちの「へえ〜っとなる話」
第3章 アスリートたちの「胸が熱くなる話」

本書が、あなたの気持ちを熱く奮《ふる》い立たせ、そして、「この程度の試練、たいしたことないや！」って、心に余裕を持つお手伝いになることができれば幸いです。

西沢泰生

トップアスリートたちが教えてくれた
胸が熱くなる33の物語と90の名言

目次

第1章

アスリートたちの「元気と勇気がもらえる話」

第2章 アスリートたちの「へえ〜っとなる話」

第3章 アスリートたちの「胸が熱くなる話」

第1章

アスリートたちの「元気と勇気がもらえる話」

Story
01

目標が絶望的になったとき、
どうするか？

楽しくなんて、
できるわけないじゃん！

浅《あさ》田《だ》真《ま》央《お》
（プロフィギュアスケーター）

Word
01

2006年のトリノオリンピックは、日本の女子フィギュアスケートにとって、記念すべき大会でした。

荒川静香《あらかわしずか》さんが、アジア選手として初めての金メダルを獲得したのです。

荒川さんが背中を反《そ》らせて滑ったイナバウアーのシーンは、当時、何度も報道され、「イナバウアー」は流行語大賞も受賞しましたよね。

フィギュアスケートが空前の盛り上がりを見せたこのオリンピックに、年齢制限のために出場できなかったのが浅田真央さんでした。

オリンピック前の全日本選手権では女子シングル史上初となる2度の3回転アクセルを決め、2位という結果。成績は申し分ないものの、国際スケート連盟が定めた「オリンピック前年の6月30日までに15歳」という年齢制限に、わずか87日足りず、オリンピック代表を逃したのです。

もし、浅田真央さんがあと3カ月早く生まれていたら、フィギュアスケート初の金メダルを日本にもたらしたのは真央さんだったのかも。そして、その年の流行語は、「トリプルアクセル」だったかも……。

ほんの少しのことで未来は変わってしまう……。運命のいたずらです。

「小さい頃から、練習中でも、家にいても、五輪で金メダルを取りたいと思ってました」という彼女。表には出しませんでしたが、悔しさはあったはずです。


そんな真央さんにとって、4年後のバンクーバーオリンピックは、「金メダルを取るための大会」だったでしょう。事実、大会後のインタビューで、**「バンクーバーに入るまでは、この五輪が1つの集大成になる、という思いが強かった」**と語っています。

しかし……。


結果は、ライバルのキム・ヨナさん（韓国）に及ばず、銀メダル。

ショートプログラムは完璧。それだけでなく、フリーでもトリプルアクセルを2度成功させました。それなのに、アクセルよりも簡単な3回転フリップと3回転トーループを失敗してしまったのです。

このミスについて、「本当に悔しい」と彼女。

しかし、大会後、母親から「銀メダルってすごいんだよ」と言ってもらったこともあり、銀メダルの重さを実感。

「終わってみたら、やっぱりこれは通過点なのかなと思います。これは次のステップなのかな」と、次のオリンピックへと気持ちを切り替えたのでした。

しかし、その4年後。ソチオリンピックで彼女を待っていたのは、さらに大きな試練だったのです。

2014年2月19日（日本時間20日）。浅田真央さんはソチオリンピックのスケートリンクにいました。

狙《ねら》うは1つ。金メダルのみ！

真央さんのショートプログラムの滑走は、出場選手30人中で30番目でした。

彼女の直前には、地元ロシアのソトニコワさんが、首位のキム・ヨナさんに続く高得点を出したばかり。

会場は大歓声に包まれ、その余韻《よいん》が残っていて、まだ「異様」な雰囲気。

そのあたりから、オリンピックの魔物が何かを狂わせたのかもしれません。

緊張した表情で滑り出した真央さん。練習では成功していた冒頭のトリプルアクセルでいきなり転倒してしまいます。

後半のコンビネーションジャンプも、2回転ループの単発に終わってしまうという、普段ではありえないようなミスを連発。

結果は……、本人も茫然《ぼうぜん》となる16位！

彼女のフィギュアスケート人生のなかで、もっとも低い順位が、まさかのオリンピックの大舞台で出てしまったのです。

演技後、インタビューでの真央さんは放心状態でした。

インタビュアーの質問に、「自分でも終わってみて、まだなにも……わからないです」「明日は自分のフリーの演技ができるようにしたいと思います」と返すのが精一杯……。

しかし、もう何をしたって時間を戻すことはできません。

いつもは寝つきがよいのに、ほとんど眠れないまま翌朝になります。

夜にはもう、フリーの演技をしなくてはならないという残酷すぎる現実。

そんな真央さんに、実姉でありタレントの浅田舞《まい》さんから電話があったのは、フリー当日の公式練習のあとでした。

「楽しんでやりなよ」という姉の言葉に、真央さんの抑えていた気持ちが爆発します。

「楽しくなんて、できるわけないじゃん！」

のちに、真央さんは、このときの電話について、こう言っています。

「舞に（モヤモヤした気持ちを）ぶつけられたことで、吹っ切れたじゃないですけど、強い自分にまた戻れたかなって」

心のなかに渦《うず》巻いていた後悔の念を思い切り吐き出すことで、会場に入るときには、**「今まで助けてくれた人たちに感謝の意味を込めた最高の演技をしよう、やるしかない」**という気持ちに変わることができたのです。

フリーの演技では、冒頭のトリプルアクセルに成功しました。

これで気持ちがノッた真央さん。**女子史上初となる全6種類、計8度の3回転ジャンプをすべて成功。142・71点をたたき出し、自己ベストを更新**したのです。

演技を終えた瞬間には、涙があふれ出しました。


最終順位は6位でした。

しかし、演技後、真央さんはこう言っています。

「昨日はすごく悔しい思いをして、心配してくださった方もたくさんいると思うんですけど、今日はこうして自分のなかで最高の演技ができたので、恩返しができたと思います」

結局、2度のオリンピックとも、金メダルには届きませんでした。

しかし、この日の演技は、まぎれもなく、**浅田真央の集大成の滑り**だったです。

「起きてスケート、食べてスケート、寝てスケート……、今までは、だいたいそういう生活でした」という言葉もある真央さんにとって、「オリンピックの金メダル」

は、人生をかけた目標だったはずです。

しかし、その目標が、初日のショートの演技で、ほぼ絶望的になってしまった。

あなたにも、人生のなかで、このようにずっと目指してきた目標が絶望的になる瞬間があると思います。

そんなときは、このソチオリンピックでの真央さんの姿を思い出すと、気持ちを切り替えることができるのではないでしょうか。

1つの夢が絶望的になっても、後悔のモヤモヤした気持ちなんて、さっさと吐き出してしまう。

そして、悔しさをバネにして、新たなモチベーションを見つける。

そこには、最初の目標よりも、大きな素晴らしいものが待っているかもしれません。

Word 02

「メンタルが変われば行動が変わる」

長友佑都《ながともゆうと》　プロサッカー選手

イタリアの名門クラブ、インテルで8年間プレーするなど、世界で活躍する長友さんの言葉。明治大学のサッカー部時代、ケガで試合に出られないときは、スタンドで応援太鼓を叩いていたとか。「気持ちを切り替えて、できることをやる」ですね。

Word 03

「反省することは反省する。でも一度寝たら忘れる」

古田敦也《ふるたあつや》　元プロ野球選手

反省をして未来に活かしはしても、がっかりした気持ちを次の日に引きずりはしない。ヤクルトスワローズの名キャッチャー古田さんは、イイことを次々と取り入れることから、毎年のようにバッティングフォームを変えていたそうです。

Word 04

「オリンピックに出たいし、出られるのは嬉しいけど、若手のチャン

スをつぶしている、という面もある。だから僕は、いろんな人の思いを背負ってソチに行かないといけないんです。それ相応の覚悟が必要だと感じています」

高橋大輔《たかはしだいすけ》　フィギュアスケート選手

全日本選手権3位だった小塚崇彦《こづかたかひこ》さんではなく、ケガのため5位だった自分が、バンクーバーオリンピック銅メダルや「世界ランキングが上」などの実績を理由にソチオリンピック代表に選ばれたときの言葉です。トップアスリートは、ときに、たくさんの人たちの思いを背負い、そして、それをよい意味のプレッシャーにして、自分の力に変えます。「選んでもらった以上、結果を出さなければ」とのぞんだソチで、髙橋さんは6位入賞を果たしました。フィギュアスケート日本代表選手が、オリンピックで3大会連続入賞（8位・3位・6位）は史上初の快挙でした。

Story

02

自分の力を見極めて、
活かせる場に移る

Word 05

100メートルを
諦めたのは、
勝ちたかったからだ。

為《ため》末《すえ》大《だい》
（元プロ陸上選手）

それは、為末大さんが高校3年生のとき、最後のインターハイ（全国高等学校総合体育大会）に出場した際の出来事でした。

100メートル、200メートル、400メートルという3種目に出場するつもりだった為末さん。ところが、大会当日、あろうことか100メートルの出場選手のなかに自分の名前がない！

なんと、監督が為末さんに黙って、100メートルのエントリーを取り消していたのです。

陸上選手にとって100メートル走は、花形競技です。

当然、監督に怒りをぶつける為末さん。

しかし、実は監督。彼が短距離に向いていないことを見抜いていました。事実、為末さんは瞬発力が必要な100メートル走で肉離れを繰り返していたのです。そこで、高校最後のインターハイでは、200メートルと400メートルに絞ったほうが結果につながると判断し、勝手に100メートルのエントリーを取り消したのでした。

なんとか監督に説得され、怒りがおさまらないまま、しぶしぶ2種目に出場した為末さん。

しかし、結果は**400メートルで当時の日本ジュニア記録を出して優勝！**

監督の目は、たしかだったのです。


体格に恵まれていた為末さんは、高校2年生までは、短距離でも同世代のなかで日本のトップクラスでした。しかし、高校3年生になる頃から、ライバル選手に負けることが目立つように……。もしかすると、負けることが目立ってきた焦りが、100メートル走での故障につながっていたのかもしれません。


このインターハイ後、為末さんは苦渋《くじゅう》の選択ながら、花形競技である100メートル走を諦めて、400メートルに絞ることにしました。

さらに、以前から監督に勧められていた400メートルハードルにも本格的に取り組むことに。

これが取り組んでみると、どうやら自分に合っているとわかってきた。

18歳のときの、この決断が、大きな転機になったのです。

400メートルハードルを意識して見てみると、国際大会で金メダルを取るような選手が、ハードルの前では歩幅をあわせるような動きをしている。

これを見た為末さんはこう思いました。


「これだったら、自分でも金メダルを狙える！」


それまでに、日本一クラスの高校生たちが、世界ジュニア大会の100メートル走に出ると、まったく歯が立たずに予選落ちする場面を見ていた為末さん。

「100メートル走でメダルを取るよりも、400メートルハードルのほうがずっと楽に取れるのではないか」と直感したのですね。

この選択は、決して妥協ではありません。

「勝つため」に、「自分が勝てる場所」を見極めたのです。

この判断が正しかったことは、シドニー、アテネ、北京《ペキン》と3度のオリンピック出場と、2001年のエドモントンと2005年のヘルシンキという2つの世界陸上選手権で銅メダルを獲得したことで証明されました。

為末さんも、ご自身のブログのなかで、「**400メートルハードル以外の競技ではメダル獲得はまずなかっただろう**」と言っています。

ちなみに、エドモントンでの銅メダルは、陸上短距離種目の世界大会で日本人初のメダル。そして、為末さんは400メートルハードルの日本記録保持者でもあるのです。


人には、それぞれ、「向き不向き」があるもの。

「自分に向いている世界」では、ワクワクして楽しくて、「努力すること」が辛くないことすらあります。このことについて、為末さんは、「**努力は夢中に勝てない**」と表現しています。

逆に、「自分に向いていない世界」で勝つためには、人の何倍もの努力が必要。そして、それだけの努力をしても、「少し努力しただけの『向いている人』」に負けてしまったりします。

だったら、**自分に向いていることで勝負するほうが、どう考えてもいい**と思いませんか？

私自身は、「文章を書くこと」が自分に向いているという自覚があります。だって、朝から晩まで原稿を書いていても、ぜんぜん辛くないですから。運よく、物書きになることができて、為末さん同様、「向いている世界」で勝負ができているわけです。

あなたも、ぜひ、自分に向いている場所で戦うようにしてみてください。

「自分が勝てる場所」を見極めましょう。

なお、それまでやってきたことから、自分に向いていると思われることに移るときのアドバイスとして、為末さんはこう言っています。

「『せっかくここまでやったんだから』には要注意」

ビジネスの世界と同じですね。「ここまでお金をつぎ込んだのだから」と、損切りをためらうと、取り返しのつかないドツボにはまってしまいます。

Story

03

「天才」なんていない？

愚かな人間は、
ただ速いから100メートルに勝てると
思っている。
完璧に至るまでの99パーセントの努力が
必要であることを、
まったく理解していない。

カール・ルイス
（元プロ陸上選手）

Word
06

たとえば、10代でトップアスリートになった人や、オリンピックで、いくつもの金メダルを獲得してしまうような選手が現れると、私たちは、ついうっかり、「天才」というひと言で片づけてしまいがちです。

この「完璧に至るまでの99パーセントの努力が必要であることを、まったく理解していない」という言葉は、4回（ロサンゼルス・ソウル・バルセロナ・アトランタ）のオリンピックで、通算9つもの金メダルを獲得し、「天才」の名をほしいままにしたカール・ルイスさんの言葉だからこそ、重みがある。

カール・ルイスさんが、どんなに才能に恵まれていたとしても、努力無くして、4回もオリンピックで活躍することは不可能です。

いじめられっ子だった主人公が努力してボクシングの世界で活躍する漫画『はじめの一歩』（森川ジョージ作、講談社）のなかに、主人公・幕之内一歩《まくのうちいっぽ》のコーチがこんなことを言う場面があります。

「努力した者が全て報われるとは限らん。しかし！　成功した者は皆すべからく努力しておる!!」

私たちは、卓球の福原愛《ふくはらあい》さんが、幼少時代から泣きながらひたすら練習している場面を見ています。

イチローさんが、小学生の頃から、友だちと遊びもせずに、ひたすらバッティングセンターに通っていたというエピソードも知っています。

にもかかわらず、つい、彼らの長い長い「努力の時間」を無視して、「天才卓球少女」とか「バッティングの天才」という言葉で片づけてしまうのですね。

1992年バルセロナオリンピックの競泳女子200メートル平泳ぎで、わずか14歳にして金メダルを取り、**「今まで生きてきたなかで一番幸せです」**という名言を残した岩崎《いわさき》恭子《きょうこ》さん。

平成最初の金メダリストが、日本のオリンピック史上の最年少だったこともあり（14歳と6日でのオリンピック金メダルはいまだに最年少記録）、岩崎さんは一躍「天才水泳少女」ともてはやされ、時の人になりました。

でも、彼女はオリンピックの強化合宿での練習があまりにも辛くて、こんな言葉も残しているのです。


「毎日、泣きながら泳いでいました」


若くして天才と呼ばれる人たちが、栄光をつかむ前に、どれだけ努力をしているかが伝わってくる言葉です。

「泣くほど辛い」ではなく、辛すぎて実際に泣きながら、それでも練習する。

「成功した者は皆すべからく努力しておる!!」ですね。

もちろん、『はじめの一歩』に出てきたこの言葉でも言っているように、いくら努力をしたからといって、必ずしも成功するとは限りません。

でも、少なくとも、**1度でも「泣きながら努力」したことがあれば、それは、その人にとって、「よりどころ」になる。**

泣くほど頑張って仕事をしたことがある人は、ピンチになっても、「あのときよりはラク」って思えるはずです。

最後に、カール・ルイスさんの言葉のなかでも、私が大好きな言葉。

ロサンゼルスで4つ、ソウルで2つ、バルセロナで2つの金メダルを取ったカール・ルイスさんも、4度目のオリンピックであるアトランタのときはもう35歳。

この最後のオリンピックの走り幅跳びで、マイク・パウエルさんと争い、9つ目の金メダルを取ったときに、こんな言葉を残しました。

「この9個目の金メダルは、今までの8個をすべてあわせたよりも重い」

「カール・ルイスも人間だった」って思わせてくれる、味のある言葉です。

Word 07

「天才って便利な言葉だよね。だって、天才っていったら、努力もしないで持って生まれたものだけでやってきたように思われるんじゃないかなぁ」

福原愛　元プロ卓球選手

ずっと「天才卓球少女」と呼ばれ続けた愛さん。内心は複雑な思いがあったでしょうね。

Word 08

「努力せずに何かできるようになる人のことを『天才』というのなら、僕はそうじゃない。努力した結果、何かができるようになる人のことを『天才』というのなら、僕はそうだと思う」

イチロー　元プロ野球選手・メジャーリーガー

最高の「天才」とは、「努力を続けられる才能がある人」なのかもしれません。

Story

04

故障は、「自分で治す」と決める

Word 09

じゃあ、治すか。

新《あら》城《しろ》幸《ゆき》也《や》

（サイクルロードレース選手）

新城幸也さんをご存じでしょうか？

東京オリンピックで3度目のオリンピック出場となる、日本を代表するアスリートの1人ですが、もしかすると、日本よりも海外での知名度のほうが高いかもしれません。

この「アラシロ」の名が、世界的に知られたのは、2009年のツール・ド・フランスでしょう。新城さんは、この第2ステージで5位に入る快走を見せたのです（公道を走るサイクルロードレースは、1日で終わる「ワンデイレース」と、複数日にわたって実施する「ステージレース」がある。「ステージレース」では、各ステージ優勝と累計タイムの総合優勝を争う。ちなみに、2009年ツール・ド・フランスは全3400キロ、21ステージ）。

このときまでに、ツール・ド・フランスに出場した日本人は新城さんを含めてもたったの3人。そんな「自転車後進国ニッポン」からやってきた選手の快走にヨーロッパのロードレースファンたちは驚きます。

新城さんはその翌年。ツール・ド・フランスと並ぶ世界2大自転車レースである「ジロ・デ・イタリア」の第5ステージで3位となり、その地位を確固たるものにしました。

新城さんに対する、目の肥えたヨーロッパのファンたちの評価は、**「ほとんど弱点が無い選手」**。

2017年から所属しているチーム、バーレーン・メリダのチームゼネラルマネージャーも、**「度重なる怪我からも必ず復活してきた精神力とプロ意識の高さ、とくにチームのための献身的な走りは、チームの誰もが認めている」**と絶賛しているのです。

このゼネラルマネージャーの言葉にある「度重なる怪我」のなかでも印象的なのが、2012年4月1日、レース中に落車して左手首を骨折したことでしょう。

なにしろ、**6月にツール・ド・フランスが、7月にはロンドンオリンピックがあるというなかで、その直前の骨折**です。いや、それどころか、ロンドンオリンピックの最終選考会である全日本選手権が同じ月の4月末に控えていたのですから、これ以上ない、最悪のタイミングでの「人生初骨折」だったのです。

このときに、新城さんが考えたことは、至ってシンプルでした。

「じゃあ、治すか」

骨折の当初は、当たり前ですが握力がまったく無くてブレーキもかけられない状態。少し握力が戻ってきて、公道を走れるようになったのは3日目くらいからでした。その後も、あらゆるリハビリを行ない、乗車したときの手首の負担を少しでも軽くするために、厳重な食事管理を実施。

そして……。

新城さんは、**骨折した月と同じ月、1カ月も経ずに全日本選手権に出場し、9位という好成績で完走**してしまうのです。

休む間もなく、今度はフランスで、ツール・ド・フランス前の選考レースに出場し、総合11位という好成績！

結局この年。新城さんは、骨折直後にもかかわらず、ツール・ド・フランスとロンドンオリンピックの両方に出場！　しかも、ツール・ド・フランスでは、途中のステージで**日本人として初めて表彰台にあがり、別府《べっぷ》史之《ふみゆき》さんに続くツール史上日本人2**

人目となる「敢闘賞」を受賞するというおまけまでついたのでした。

トップアスリートは、しばしば、「普通の人なら全治半年の大怪我」をしても、たった1カ月で試合に出場することがあります。

トップアスリートは、医者の言葉を信じません。せいぜい参考程度にしか考えない。そのかわり、**自分を信じている**のです。

「自分の身体のことを一番よく知っているのは自分」だと考えて、試合の当日に向けて、期限を決めて自分で治してしまいます。

いや、正確には「治してしまう」というよりは、「**ここまで治せば試合に出てパフォーマンスできる**」というギリギリの線まで強引に持ってきてしまうのです。

フィギュアスケートの羽《は》生《にゅう》結《ゆ》弦《づる》さんも、平昌《ピョンチャン》オリンピックの直前に大怪我をしても、不屈の闘志と「オリンピックまでには治す！」という決めつけによって、金メダルを獲得しましたよね。

ひるがえって、私たちはどうでしょう？

何かの資格試験で、「あなたには、合格は無理」って言われたとき。

会社の上司から「キミにはこの仕事は少し荷が重いかな」と言われたとき。

取引先から「○月○日までに完成させて欲しいけど、難しいですよね」と言われたとき……。

あなたにそれができるかどうかを決めるのは、相手ではなく、あなた自身！

重要なのは、あなたの「じゃあ、やっちゃうか！」という意志です。

それはたしかに、「目玉でエンドウ豆を噛め」とか、できないことはできません。

でも、たいがいのことは、「できる」と思えばできるもの。

ここ一番の前にトラブルがあったとき、できるかどうか不安なときは、アスリートたちの、「**どんな怪我も、試合までに強引に治してしまう！**」という精神に学びましょう。

Word 10

「自分が怪我として認めない限り、それは怪我ではない」

金本知憲《かねもとともあき》　元プロ野球選手・監督

１４９２試合連続フルイニング出場の世界記録を持つ金本さんは、左手首にデッドボールを受けた翌日、右手一本だけでバットを持って２安打を放ったこともあります。

Word 11

「怪我はチャンス」

本田圭佑《ほんだけいすけ》　プロサッカー選手・サッカー指導者

「リハビリ中にパワーアップして進化した自分を作れるから」の意。本田さんが中学生のとき、怪我をしたあとに、きちんとリハビリしたことで、パフォーマンスが向上した経験から出た言葉。プロになってから半月板損傷で手術をしたときも、「これもやっぱりチャンスかな」と思ったそうです。

Word 12

「肉離れ？　ライオンに襲われたウサギが逃げ出すときに肉離れし

ますか？　準備が足りないのです。私は現役のときに一度もしたことがない」

イビチャ・オシム　元プロサッカー選手・監督

旧ユーゴスラビア出身で、日本代表チームの監督も歴任したサッカー指導者の「準備の大切さ」を語った言葉。たしかに、試合前に入念なルーティンをこなしたイチローさんは、現役時代の28年間、怪我らしい怪我をしていません。

Word
13

「（左手首が）以前と同じように動かないのならば、工夫して、練習して、トレーニングをして、骨折する前よりすごいバッターになってやればいい」

松井秀喜《まついひでき》　元プロ野球選手・メジャーリーガー

2006年のニューヨークヤンキース時代。松井さんは捕球の際に左手首を骨折。「リハビリは裏切らないぞ」と長嶋さんに電話で励まされ、4カ月に及ぶリハビリ後に復帰。その復帰戦では、満員の観客からスタンディング・オベーションで迎えられました。怪我に打ち勝って戻ってきた選手にとっては、何よりの勲章《くんしょう》です。

Story

05

怪我にも負けなかった男が、負けてしまったもの

Word 14

僕は、心技体の一個一個が
100パーセントじゃなくて、
3つで100という考え方を持ってるんで、
体と技が10ずつしかなかったら、
残り80パーセントは気力で
カバーしようと思ってた。

古賀稔彦《こがとしひこ》
（元柔道選手）

人呼んで「平成の三四郎」。

豪快な一本背負いで、次々と大きな大会で優勝を果たす古賀稔彦さんが、1992年にバルセロナオリンピックへの出場が決まったときは、誰もが金メダルを疑いませんでした。

ところが。

オリンピックの女神は、なぜか、楽勝だと思われている選手に試練を与えます。

それは、バルセロナ入りをした翌日、後輩の吉田秀彦《よしだひでひこ》さんと練習しているときのこと。

一本背負いを仕掛けたときに右足が滑り、左足に2人分の体重がかかって、左ひざのじん帯を負傷してしまったのです。現地の練習場が、畳ではなくマットが敷かれていたために起きた、まさかの故障。

故障の瞬間、「なんで、ここで怪我しなければならないんだ」と思ったという古賀さん。しかし、吉田さんには「気にするな」と、後輩を慮《おもんぱか》ります。

診断は、「全治1〜2カ月。少なくとも3週間の安静が必要」という厳しいもの。

しかし、試合まではあと10日。そんな言葉に従っていたら、オリンピックが終わってしまう……。前回のソウルオリンピックで3回戦敗退に甘んじていた古賀さんにとっては悲願の金メダルです。棄権するなんて、到底、考えられません。

古賀さんは覚悟します。

故障によって「心技体」のうち、「技」と「体」の数値がドーンと下がってしまったのなら、「そのマイナス分は気力でカバーしよう」と決めたのです。


迎えたオリンピック。出場は「78キロ級」の吉田さんのほうが先でした。

結果は、すべて一本勝ちで金メダル。

しかし、表彰台でも吉田さんにはいっさい笑顔はありませんでした。翌日にひかえた古賀さんの試合のことが頭から離れなかったのです。

そして、翌日。

ひざ周辺に6本の痛み止め注射を打って、「71キロ級」に出場した古賀さん。

故障以来、まともな練習はいっさいできていない状態です。

当然、技のキレはないものの、それこそ気力で判定勝ちなどをもぎ取り、決勝まで勝ち進みます。

決勝の相手はハンガリーのハトシュさん。世界選手権で戦ったこともあるなかなかの強敵です。

準決勝の前に、ふたたび痛み止めの注射を打って一本背負いで勝った古賀さんは、この決勝でも、果敢に技を仕掛けます。

しかし、技をかけてきては逃げる相手をどうしても仕留めきれません。

そして、とうとう時間切れ。勝負は判定に持ち込まれました。

結果は……。

ジャッジ3人の全員が古賀さん！

金メダル獲得の瞬間、両手を高々とあげ、涙をこらえる古賀さん。

その姿を見て、誰よりも号泣したのは、吉田さんでした。

2人は、抱き合い、お互いの金メダルを讃《たた》え合ったのです。

余談ですが、帰国後、精密検査を受けた2人。実は吉田さんのほうも足首近くの骨が折れていたことがわかりました。そして、古賀さんは、ストレスから胃に穴が開いていたそうです。

まさに、傷だらけの栄光。

バルセロナオリンピックの金メダルは、この2人と水泳の岩崎恭子さんの3つだけでした。

さて。

バルセロナオリンピックで、気力の金メダルをとった古賀さん。

4年後にアトランタオリンピックに出場したときは、今度は腰の故障で、一本背負いができない状態に陥《おちい》ってしまいます。

それでも決勝に進み、オリンピック連覇に王手をかけるところまで進みました。

しかし。

ここで、**怪我よりも怖い、最大の敵が古賀さんの足をすくいます。**

決勝戦。試合が始まって2分くらい経ったときだったそうです。

攻めが消極的だという理由で、相手に反則がつきます。

そのとき、古賀さんは、つい、こう思ってしまったのです。

「あっ、楽勝だ」

このまま、相手の技をかわしていれば、判定勝ちで優勝できる。

そう思ったら、途端に張りつめていた心の糸が切れてしまった。「心技体」の「心」が弱まってしまったのです。

結果、攻めが消極的になって、まさかの判定負けで銀メダル。

大怪我をも乗り越えた男が負けた相手は、「油断」という敵だったのです。

油断は、いつも**「勝ちを確信したとき」**に襲ってきます。

平成の三四郎、古賀稔彦さんのまさかの銀メダルは、「最後まで油断しないこと」の大切さを教えてくれているような気がします。

Story

06

「ゴール」ではなく、「通過点」だと考える

あの夏、僕の目標は
甲子園に出ることじゃなかった。
高校に入る前から、プロになることを
第一に考えていましたし、
モチベーションが他の選手とは
まったく違っていたと思います。

イチロー
（元プロ野球選手・メジャーリーガー）

Word
15

右ページのイチローさんの言葉にある「あの夏」とは、高校球児だったイチローさんの3年生の最後の夏のこと。

普通の高校球児にとっては、甲子園に出るための最後のチャンスの年。

しかし、イチローさんにとっては、プロ野球へ進むための足掛かりを作るための通過点でしかなかったのです。

子どもの頃から一流のプロ野球選手になることを、「夢」ではなく「目標」にしていたイチローさんは、「そのためには厳しい練習が必要」と、小学生の頃から、父とともに毎日、バッティングセンターに通います。

マシンの設定を変えてもらい、小学生にして130キロのボールをガンガン打ち、中学生のときは、マシンとの距離を詰めることで、実質、150キロのボールを打っていたと言われています。

そんな選手を、中学生ピッチャーが抑えられるわけがありませんよね。

中学3年生のときには、全日本少年軟式野球大会に出場し3位入賞を果たします。

中学時代は、学校の成績も優秀で、常に学年でトップ10に入っていたというイチローさんが、いよいよ、野球一本でいくと決めたのは高校に入学してからのこと。

このときの決断について、彼は、のちにインタビューでこう言っています。

「中学卒業の時点で完全に学業を捨てました。だから、やるしかない、プロになる選択しか、僕にはなかったんです。（中略）今思えば、よくあんな決断をしたなと思うんですけど、しちゃったんですよね、当時」

高校野球では、1年生からレギュラーになりました。

2年生の夏と3年生の春に甲子園に出場しますが、ともに初戦敗退。しかも、甲子園の雰囲気にのまれたイチローさんは、本人曰《いわ》く、地に足がつかない状態になり、2試合でたった1本しかヒットが打てなかったのです。これでは、プロ野球のスカウトが注目してくれるはずもありません。

そう。だからこそ、イチローさんにとって**高校最後の夏は、「なんとしても活躍してプロ野球のスカウトに注目されること」が最大の目標になった**のですね。

その夏、イチローさんの最後の試合になったのは県予選の決勝戦でした。

ここで勝てば甲子園に出場という試合に敗れ、泣きじゃくる選手たち。そのなか、イチローさんは1人冷静で、報道陣に対して、**「このあとのインタビューは、淡々と将来のことを語ったほうがいいですか？　それとも、涙に打ちひしがれたほうがいいですか？」**と提案したというエピソードが残っています。

高校時代のイチローさんの通算打率は、536打数269安打で5割を超え、ホームランは19本という驚異的なものでした。

そんな、打ちまくった高校時代のなかでも、決死の覚悟でのぞんだ「最後の夏」はとくにすごくて、予選6試合で、24打数18安打、打率はなんと7割5分！

ホームランも3本打っていて、特に準決勝での逆転ホームランで、プロのスカウトからも注目される存在になったといいます。

こうして、イチローさんは、最後の夏に「スカウトから注目される」という目標を果たすことに成功。その年のドラフト会議。ドラフト4位でオリックスから指名されたのでした。

ただ、実は、オリックスのスカウトは、早くからイチローさんに注目していて、彼が甲子園に出たときは、「大活躍して、ほかのチームのスカウトにイチローさんの存在を知られたくない」と思っていたそうです。イチローさんが入団を希望していた、地元の中日ドラゴンズは、イチローさんをピッチャーとして見ていて、5位に指名を予定していたといいます。

希望する球団こそ違いましたが、オリックスに入って3年目に、のちの恩人となる仰木《おおぎ》彬《あきら》監督と出会うのですから、運命というのは面白いものです。

以前に、テレビで「東京大学に合格した学生が就職できず、ニートになってしまうことがある」という番組を観たことがあります。

東大に入ると、突然、合コンでモテモテになり、家庭教師のバイト料も破格で、ウハウハになって肝心の学業がおろそかになる学生がいる。就職活動も、「自分が選ばれないわけがない」と油断しているうちに、出遅れてしまい、大企業にこだわっているうちにすべて落ちてしまう……。気がつけば、就職浪人になり、今さら中小企業に入る気にもならず、引きこもりのニートになることがあると……。

その番組に出演し、感想を求められた東大出身の某タレントさんは、こう言っていました。

「これは、典型的な、**東大合格をゴールにしてしまった人の話**ですね。未来を見ていて、東大合格をただの通過点だと思っている人は舞い上がったりしませんよ」

「憎いほど強い」と言われた第55代横綱、北《きた》の湖《うみ》関は、通算1000勝をあげた際、インタビュアーから「次の目標は？」と聞かれて、こう回答しています。

「1001勝です」

目の前の**目標を、ゴールと見るか、それとも、ステップアップのためのただの通過点と見るかは、成長を続けるか、止めてしまうかの分かれ道**なのですね。

Story
07

カミナリに打たれたモノに、
すべてをかける

Word 16

毎日、
クライミングが
強くなることとか、
うまくなることだけ考えて
生きていきたい。

野《の》口《ぐち》啓《あき》代《よ》
（フリークライミング選手）

人生には、ときに、「カミナリに打たれたような瞬間」というものがあります。

たとえば、ヤワラちゃんこと谷亮子《たにりょうこ》（旧姓：田村《たむら》）さんは、小学2年生のときにお兄さんが柔道をしているのを見学にいって、女子が男子を投げている姿に驚いて柔道を始めたとか。

そういう出会いは、本人にとっては、本当にもうカミナリに打たれた感じなんですね。「あっ、これスゴイ！　やりたい！」って。

フリークライミング選手、野口啓代さんにとっては、2000年、小学5年生のときに、家族旅行で行ったグアムのゲームセンターで、初めてクライミングを経験したのが、たぶん、この「カミナリに打たれた瞬間」でした。

クライミングの面白さに魅せられた彼女は、さっそく自宅近くのクライミングジムに通いはじめます。そして、そのわずか1年後には、中高生を押しのけて、全日本ユースで優勝してしまうのです。

2008年には、日本人女性として初めてワールドカップで優勝。以来、ワールドカップの優勝だけでも20回を超えるトップクライマーに。

何しろ、**「クライミングのことだけを考えて生きていたい」と、大学を中退してプロに転向**してしまったのですから、どれだけクライミングに魅せられているのかがわかります。

そんな、「クライミング人生」を送ってきた野口さんにとって、「スポーツクライミング」が正式競技に加えられた東京オリンピックは「最後の目標」になりました。

2019年8月に開催されたクライミング世界選手権が、東京オリンピック代表選手の選考を兼ねた大会に決まると、すべてをこの大会に向けて調整し、もし代表選手に選ばれなければ、一線を退く覚悟を決めたのです。

ここで簡単に説明しましょう。スポーツクライミングには、次のような3つの種目があります。

○「スピード」(ロープをつけた2人の選手が高さ15メートルの壁を登るスピードを競う種目)

○「ボルダリング」(高さ4メートルの壁をロープなしで制限時間内にいくつ登ること

ができるかを競う種目）

○「リード」（ロープをつけて、制限時間内に壁のどこまで登れるかを競う種目）

オリンピックでは、この3種目の総合成績を争うわけです。

このなかで、野口さんがもっとも得意なのは「ボルダリング」。初めてワールドカップに優勝したときの種目も「ボルダリング」でした。

この「ボルダリング」では、登るコースは毎回異なります。選手が壁を見られるのは競技前に1度だけ。瞬時に「どのコースを登って壁を攻略するか？」を判断しなければなりません。それまでの経験と勘が勝負を分けるのです。

オリンピック代表選考がかかった2019年のクライミング世界選手権大会。「ここでオリンピック代表に入れなければ引退」という大一番で、野口さんは、最初の種目、「スピード」で7位と出遅れてしまいます。

しかし、得意とする「ボルダリング」で、最初の課題を1度のトライでクリアする（「一撃」と呼びます）など、3つの壁のうち2つを登り切り、見事1位を獲得！

最後の「リード」でも3位につけて、総合で銀メダルを獲得しました。競技人生、最後の目標だった東京オリンピックの代表選手の座を得たのです。代表内定が決まった野口さんは、涙を浮かべてこう言っています。

「あと1年、クライミングできることが本当に嬉しいです」

あなたには、人生において「カミナリに打たれたような経験」はありますか？

私の場合は、中学生のときに、クイズの実力日本一を決めるテレビ番組を観たのがカミナリに打たれた瞬間だったのだと思います。どんな難問にも正解するクイズ王に憧れて、せっせとクイズの勉強をはじめました。

同じ「勉強」でも、学校のテスト勉強は面白くありませんが、好きになったクイズの勉強は、いっさい苦にならないのですから不思議なものです。

この「クイズというカミナリ」に打たれたおかげで、私は、「アメリカ横断ウルトラクイズ」でニューヨークへ行くことができ、初めて本を書いたときには、「著者プロフィール」における武器にもなったのですから、「一生が変わった」と言っても過言ではありません。

あなたも、もし、「カミナリに打たれること」があったら、野口さんのように、すべてをかけるくらいにのめり込んでみてください。

そうすると、人生が変わるような面白いことが待っているかもしれません。

野口さんは、どんな結果に終わっても、東京オリンピックを最後に、現役を引退することを表明しています。

20年前。「フリークライミングというカミナリ」に打たれた少女。

次の東京オリンピックは、そんな彼女の20年間の集大成の舞台なのです。

Story

08

周りに自分を認めさせる方法

これからは久保君じゃなくて、久保建英でお願いします。

久《く》保《ぼ》建《たけ》英《ふさ》
（プロサッカー選手）

Word 17

某アメリカ映画の制作の裏舞台を追ったドキュメント番組を観ていて、驚いたことがあります。

それは、映画に出ている俳優たちが集まってミーティングをする場面。

それぞれが、自分の役について意見を言うのですが、そのなかに、10歳にも満たない子役が、ほかの役者たちと同等の扱いを受けて話し合いに参加し、自分の役について、信念をもって堂々と発言していたのです。

ほかの俳優たちは、その言葉に、真剣に耳を傾け、ときには、その子役と議論を戦わせていました。

ハリウッドでは、作品のなかで重要な役を演じていれば、子役だろうとなんだろうと一人前の俳優として扱われるのですね。子役だからといって軽く見られることもチヤホヤされることもなく、子役のほうも、周りの大人たちに敬意を払っている。そこには、年齢なんて、なんの関係もない、**「プロの世界」**がたしかに存在していました。

さて。右ページの久保建英さんの言葉。

これは、2018年8月、久保さんがJ1リーグ初得点となるゴールをマークした翌日、マスコミに対して放った言葉です。

ときに久保さん17歳。小学生の頃からサッカークラブで活躍してきた久保さんは、ずっとマスコミに「久保君」と報道されてきました。

そんな呼び方を続けてきたマスコミに、「そろそろ一人前のプロとして扱ってよ」という宣言をしたわけですね。

久保さんは、子どもの頃からずっと、周りの同世代の選手たちから抜きんでた存在でした。

ときに、子どもの頃は活躍をしても、成長が止まってしまう選手もいるなか、久保さんが成長を続けてこられた大きな理由は、**「常に、自分にとってレベルの高い舞台」に積極的に身を投じてきたから**なのではないかと思うのです。

なにしろ、普通の子なら、まだ少年サッカーチームの下っ端《ぱ》というくらいである小学校3年生のときには、もう川崎フロンターレの下部組織に入団していました。

そして、その翌年には、**世界中からサッカーの天才少年が集まるFCバルセロナの下部組織の入団テストに合格**し、スペインに渡っているのです。

そのバルセロナ時代、大会得点王やMVPにも輝き、そのなかでも抜きんでた存在になっていきました。

帰国後の2016年、中学3年生にしてFC東京U－18に飛び級で昇格。J3リーグの試合に出場し、**Jリーグ史上最年少出場記録を更新**。

翌年4月には、J3のセレッソ大阪U－23戦で**Jリーグ最年少得点記録を更新**（15歳10カ月11日）。

2017年、FC東京とプロ契約を結び、J1リーグにデビュー。

そして、**2018年には、森本貴幸さんに続くJ1史上歴代2位の最年少得点をマーク**しました（先の「これからは久保君じゃなくて～」の発言をしたのはこのときですね）。

スペインのレアル・マドリードへ移籍が発表されたのは2019年6月のこと。そして、8月には、同じスペインのサッカークラブ、RCDマジョルカへの期限付き移籍が決定しました。

若きアスリートの「より高い舞台」でのチャレンジは、毎年のように進化し続けているのです。

以前に、ビジネス書で次のような言葉を読んだことがあります。

「会社に入社して、誰よりも早く係長になりたければ、課長のような仕事をすればいい。誰よりも早く課長になりたければ、部長のような仕事をすればいい。つまり、常に2つ上の立場の仕事をしていれば、簡単に1つ上の立場に出世できる」

周りに自分を認めさせる一番簡単な方法は、常に、**「レベルが高い場所」に身を置いて、そこで実績を出すこと**です。

久保さんも、FC東京時代にいたとき、J1リーグでの出場機会が減り、図らずも、自分の主戦場がJ3リーグになってしまった時期がありました。

そのとき、久保さんは、チームに対して、こう直訴《じきそ》します。

「新しいチャレンジがしたい」

こうして、J1リーグ横浜F・マリノスへの期限付き移籍が決定したのです。

かつて、キング・カズこと三浦知良《みうらかずよし》さんは、高校時代、監督にブラジルへのサッカー留学について相談したとき、「お前には99パーセント無理だ」と言われて、こう言い返したそうです。

「1パーセントあるんですね？　じゃあ、僕はその1パーセントを信じます」

有言実行。三浦さんは高校を中退し、15歳で単身ブラジルに渡ったのです。

高みを目指す者は、レベルの高い世界に身を置くことが、何よりも自分を成長させてくれることを知っています。だからこそ、自分を信じて、「高いレベルの世界」にチャレンジするのですね。

2020年。久保さんの年齢はまだ19歳。

結果を出して周りに自分を認めさせる、若きチャレンジャーの活躍から目が離せません。

Word 18

「ライバルに差をつけたいのなら、環境を変えてほしい。なんだかんだ言っても一度ぬるま湯に浸《つ》かってしまうと、なかなか抜け出せない。だから、『何か物足りない』と思ったら、自分のことを知らない環境に飛び込んで行ってほしいと思う」

本田圭佑　プロサッカー選手・サッカー指導者

オランダ・ロシア・イタリア・メキシコ・オーストラリアなど、さまざまな国のチームに所属した本田さんならではの言葉です。

Word 19

「ノーアタック、ノーチャンス」

佐藤《さとう》琢磨《たくま》　レーシングドライバー

佐藤さんはＦ１だけでなく、「インディ５００」にもチャレンジし、２０１７年にはアジア人初の優勝も成し遂げています。

Word 20

「もっと上に行こう、という欲を失ったら終わり。努力とか根性とかよりも欲ですよ」

武豊《たけゆたか》　競馬ジョッキー

この気持ちで、G1レースで100勝、JRAで通算4000勝を超えているのです。欲深いな～（笑）。

Word 21

「自分に期待することで、はじめて物事は可能になる」

マイケル・ジョーダン　元プロバスケットボール選手

バスケットボールの神様でありながら、1度目の引退後、野球に挑戦して話題になりました。「自分に期待する」って偉大なことです。

Story

09

お金の最高の使い方は「自己投資」

Word 22

最近の若い選手は
すぐ高級車に乗りたがるが、
そんなカネがあるなら、
もっと自分の体を磨くことに使えといいたい。

金《かね》田《だ》正《まさ》一《いち》
（元プロ野球選手・監督）

日本のプロ野球史上、最高のバッターは誰か？

ミスタープロ野球こと長嶋茂雄《ながしましげお》さんか、世界のホームラン王こと王貞治《おうさだはる》さんか、あるいは、メジャーでも伝説を残したイチローさんか、人によって意見が異なるでしょう。

しかし、「日本のプロ野球史上、最高のピッチャーは誰か？」と聞かれたら、たぶん、この人をおいてほかには考えられません。

日本のプロ野球、唯一の400勝投手。金田正一さんです。

残念ながら、2019年10月にお亡くなりになりましたが、私は偶然に某ホテルのロビーでご本人をお見かけしたことがあります。すでにご高齢でしたが、ガッチリとした体つきで背筋がピンと伸びていて、「これは400勝するわ……」と思ったのを覚えています。

なにしろ、「200勝で名球会」という世界で、1人で倍の勝ち星。

1シーズンに20勝を20年続けなければならないという、気が遠くなるような勝ち星数です。

国鉄スワローズという当時の弱小チームに所属しながら、24歳のときにはすでに200勝をあげていたというのですから、ひたすらにスゴイ。

ちなみに、国鉄スワローズは、金田さんが在籍中、全部で833勝していますが、そのうちの4割近く、353勝が金田さんの勝ち星。

調子がよい日は監督に申し出て強引に先発したり、ピッチャー交代を告げようとしてベンチを出た監督に「帰れ！」と言って交代させなかったり……。

現在の管理野球ではありえない豪快な話が、たくさん残っています。

貧しい家庭に育った金田さん。「ゼニを稼ぐため」に高校を中退してプロ野球の世界に入ったハングリー精神のかたまりでした。

入団すると、「練習が金田か、金田が練習か」と言われたほどの猛練習をしたといいます。基本は、走り込みによる、下半身の強化。

また、**「活躍するためには、体が資本」**とばかりに、新人時代のキャンプ中には、練習後、一流選手を待ち伏せして、ご飯をご馳走になったとか。

普段から利き手である左手では、ぜったいに重いものを持たないなど、自己管理も徹底していました。

巨人に移籍した最初の宮崎キャンプでは、旅館の食事には手をつけず、炊事道具を持ち込んで、自ら近くの生鮮市場で最高の食材を購入して、お手製の自分用鍋料理を作って食べていたそうです。

この精神が、「カネがあるなら、もっと自分の体を磨くことに使え」という言葉につながるのですね。野球解説者の故野村克也《のむらかつや》さんは、**「金田さんほど自分の肉体への投資を惜しまなかった選手はほかにいない」**とまで言っていました。

金田さんはアスリートなので「肉体への投資」ですが、これは、そのまま**「自己投資を惜しむな」**という、ビジネスマンにも通じる教えです。

もっとも賢いお金の使い方は、今も昔も、自分への投資なのですね。


さて。

そんな金田さんのエピソードのなかでも、とくにカッコイイのが、新人、長嶋茂雄さんのデビュー戦での4打席連続三振と、もう1つ、1957年8月21日の国鉄対中日での出来事でしょう。

その日の金田さんは8回まで1人のランナーも出さないピッチングを展開。スコアは1対0で、完全試合まであと3人というところまできていました。

しかし、9回表。中日の先頭バッターのハーフスイングが三振ととられたことに、中日側が猛抗議をします。それは、あきらかに抗議時間を長引かせて、金田さんの調子を狂わせる狙いが見え見えの抗議でした。

長引く抗議に、イライラした観客がグラウンドに飛び降りたため、混乱はエスカレートし、約15分の中断。ようやく落ちついたのに、今度は、主審がマイクで「中日側の抗議があったが、認めず試合を再開する」と余計なひと言を言ったため、またしても怒った中日ファン500人近くがグラウンドに乱入する大騒ぎになってしまいました。今では考えられませんが、昔の球場はフェンスも低く、興奮したファンがグラウンドに降りることがよくあったのです。

怒り心頭になったのは金田さんでした。記者席に行くと大声で「そんなにワシが嫌いか、そんなにワシの記録にケチつけたいんか！」とぶちまけたのです。

ここに至って、抗議を始めた張本人である中日の監督もマズイと思ったのでしょう。没収試合になったときの賠償金もちらついたと思います。マイクを取ると「責任は全部私が取るから、どうかファンの皆様、スタンドに戻り、試合を続行させてください」と訴え、ようやく騒ぎはおさまったのです。

結局、中断時間は45分にも及びました。

普通のピッチャーなら肩が冷えてフォアボールを出してしまいそうなもの。しかし、怒りがおさまらない金田さんにとっては逆でした。

「もう文句は言わさん。ど真ん中で全部三振に取ったるわい」

そう考えて、次のバッターをすべてストレートで三振。

パーフェクトがかかった最後のバッターも、**ストレートのみで3球三振に仕留めて完全試合を達成**したのです。

ハッキリ言って、カッコよすぎ。スピードガンのない時代でしたが、金田さんは常時、150キロクラスの球を投げていたといい、バッターはストレートだとわかっていても打てなかったのです。

最後にもう1つ、金田さんのエピソード。

金田さんが投げられた球種は、実はストレートとカーブだけ。しかし、どちらもすごくて、どっちがくるかわからないとキャッチャーも捕《と》れないほどでした。

とは言え、たった2種類です。ベテランとなった巨人軍時代は、キャッチャーのサインがだんだんと相手に読まれるようになり打たれることも。そこで、巨人での後半は、キャッチャーのサインを見るフリをして、マウンドの金田さんのほうから、次に何を投げるかのサインを出していたそうです。

これが結局、引退するまで相手チームに見破られなかったそうで……。

どんなサインだったと思います?

実は、キャッチャーのサインを見るときに、唇をキュッと締めて見たときはストレート。口を半分くらい開けて見たときはカーブだったのだそうです。

なるほど、これは盲点。

ずっと見破られなかったわけですね。

Word 23

「正しい食べ物を選ぶということは、単に肉体的スタミナにつながるだけではない。忍耐、集中力、前向きな態度にもつながるのです」

ノバク・ジョコビッチ　プロテニス選手

セルビアのベオグラード出身。子どもの頃、コソボ紛争による戦争を体験。2カ月半もの間、地下室に避難したこともある。2010年までは世界1位が遠かったが、自分がたんぱく質の一種、グルテンに弱い体質だと知ってから食生活を改善。疲れやすい体から解放された翌年、全豪・全英・全米で優勝し世界1位に。4大大会での優勝回数は17回（2020年2月現在）を数える。その体験から食事に関するベストセラー本も出版しています。

Story

10

チャレンジしてみる

やらなきゃわからないだろう。

清《し》水《みず》宏《ひろ》保《やす》

（元スピードスケート選手）

Word 24

身長162センチ。そして、気管支喘息《きかんしぜんそく》持ち。

そんな清水宏保さんは、周りの人たちから何度となく、「アスリートとして大成することはないだろう」と言われていました。

そして、その言葉を聞くたびに思っていたそうです。


「そんなの、やらなきゃわからないだろう」


清水さんが身につけた武器は、ロケットスタートでした。

かつて、「暁《あかつき》の超特急」と呼ばれた陸上選手の吉岡隆徳《よしおかたかよし》選手がそうだったように、上背《うわぜい》がある外国人アスリートたちとの競争に勝つために、スタートした瞬間に差をつけて逃げ切るための武器を身につけたのです。

ちなみに、吉岡隆徳選手のロケットスタートは神がかっていて、「もし、オリンピックに50メートル走があったら吉岡は敵なしで金メダルが確実だった」とまで言われています。

もちろん、清水さんはロケットスタートだけでなく、喘息の克服にも力を入れ、固定自転車を失神寸前までこぐという過酷なトレーニングも積みました。

その結果。

「アスリートとして大成することはないだろう」と言われた清水さんは、リレハンメル、長野、ソルトレークシティ、そしてトリノと、なんと4回も冬季オリンピックに出場。

長野では500メートルで**日本人スピードスケート選手として初の金メダル、1000メートルで銅メダル、ソルトレークシティの500メートルで銀メダルと、3つのメダルを獲得**したのです。

それだけでは、ありません。

ワールドカップでは、なんと通算34回も優勝。得意とする500メートルでは、世界記録（当時）も出しています。

清水さんは言っています。


「非常識と言われていたことでも、結果を出せば常識に変わる」

何かにチャレンジしようとしたとき、「そんなの無理だよ」としたり顔で言ってくるのは、「自分にはできない」と思っている人たちです。

チャレンジしようとしているとき、無責任に、自分の思い込みでそういうことを言ってくる人がいたら、頭のなかで「**オマエにはね**」と言ってやりましょう（口に出すと喧嘩になるので注意）。

清水さんのように、そういう輩《やから》がぐうの音《ね》も出ないような結果を出して見返してやりましょう。

そして、結果を出せたら、「アイツから『絶対に無理』って言われたから奮起できたんだよな。ありがとう」って、感謝しちゃいましょう。

人の意見や、「自分には無理」と考えて、新しいことにチャレンジしないのはもったいない話です。

少し前に、テレビ番組のなかで、フィギュアスケートの高橋大輔さんが自分の振付師の1人として、歌手のビヨンセやレディー・ガガの振付師である日系三世のシェリル・ムラカミさんを指名したという話題をとりあげていました。

もともと、フィギュアにダンスの要素を取り入れている髙橋さんですが、スケート未経験者に振り付けを依頼するのは、フィギュアの世界では異例のこと。

いっぽうのシェリルさんも、フィギュアスケートの振り付けは、まったく初めての仕事です。番組のスタッフから「どうして、オファーを受けたのか?」と質問されたときのシェリルさんのひと言がカッコよかった。

「新しいチャンスは断らない」

この「新しいチャンスに対する心がまえ」。大いに学びたいです。

Word 25

「私は、怖いという理由で挑戦から逃げることはない。むしろ挑戦に向かって突き進む。なぜなら、恐怖から逃れる唯一の方法は、自分の足で恐怖を踏みつけることだからだ」

ナディア・コマネチ　元体操選手

モントリオールオリンピックで、史上初めての10点満点を連発し、3つの金メダルを獲得（続くモスクワでも金2つを獲得）した「白い妖精」の言葉。当時の人気ぶりは、ビートたけしさんのテッパンギャグになったことからもわかりますね。

Word 26

「今を戦えない者に、次や未来を語る資格はない。PKを外すことができるのは、PKを蹴る勇気を持ったものだけだ」

ロベルト・バッジョ　元プロサッカー選手

イタリアのサッカー史上に残る偉大な選手。これは、1994年ワールドカップアメリカ大会の決勝のブラジル戦でPKを外し、イタリアに敗北を招いてしまった苦い経験を持つ彼の言葉だからこそ説得力があります。

Story

11

他人のせいにしない

誤審？
すべて自分が弱いから
負けたんです。

篠《しの》原《はら》信《しん》一《いち》
（元柔道選手）

Word 27

スポーツに「誤審」はつきものです。

かつてのプロ野球では、監督が審判の判定に猛抗議をして、試合が中断することがよくあったもの。最近は、ビデオ判定の導入で、そんな抗議シーンもすっかりなくなりましたよね。

いくら「スポーツに誤審はつきもの」とはいえ、4年に1度のオリンピックの舞台でのそれは、人生をかけて出場している選手たちには酷な話です。

そんな、誤審の洗礼を受けてしまったのが、2000年シドニーオリンピックのときの篠原信一さんです。

それは、柔道100キロ級の決勝戦でした。

勝ったほうが金メダルという大一番。

対戦相手のドゥイエさん（フランス）が仕掛けてきた「内股」に対して、すかさず「内股すかし」を返した篠原さん。

ドゥイエさんを投げた瞬間、「よし、一本や！」と思った篠原さんは、思わずガッツポーズをして審判を見ました。

しかし、主審のゼスチャーは「有効」。

「なんで今のが、一本やないんや」と思う篠原さん。

しかし、それどころではなかったのです。

なんと、その有効は、ドゥイエさんのポイントだったのです！

主審の判定は「ドゥイエの有効」。2人の副審のうち、1人の判定は「篠原の一本勝ち」。そして、もう1人の判定は主審と同じ「ドゥイエの有効」。

きわどい判定だったため、審判委員は、日本側に「審判団の再協議」を促したのですが、フランス語だったため、日本チームはこれに気づかず試合を続行してしまいます。

結局、時間切れの判定勝負となった結果、この有効1つ分の差でドゥイエさんが金メダルを獲得。試合後、日本チームは猛抗議をしましたが、あとの祭りでした。

「試合場から審判が離れたあとは、判定は覆《くつがえ》らない」という国際柔道連盟試合審判規定により、篠原さんは銀メダルが確定してしまったのでした。

もし、正しく判定されていれば、その場で、篠原さんの一本勝ちで金メダルだったのです。

日本のマスコミも大きく報道しましたが、当の篠原さんは冷静でした。

普通なら、涙の猛抗議をしてもよい場面。

しかし、彼はインタビューでキッパリとこう言ったのです。


「審判もドゥイエも悪くない。誤審？　すべて自分が弱いから負けたんです」


たとえ、その場面での判定が誤審だったとしても、そのあと、**気持ちを切り替えられず、攻めきれなかった自分の弱さが敗因**であったと……。

いっさい、不服を口にしないその姿は、テレビで観るおとぼけキャラとはまったく違って（失礼！）、実にアスリートらしい、すがすがしいものでした。

なお、この試合は、その後の柔道におけるビデオ判定強化のきっかけになったということです。


では、もう1つ、過失によって大ショックを受けたアスリートの話。

今度の舞台は、篠原さんの4年後、2004年のアテネオリンピック。

女子レスリングに出場した浜口京子《はまぐちきょうこ》さんの話です。


それは、準決勝戦でのこと。

会場のミスで、電光掲示板のポイントが正しく掲示されず、延長戦に入ると思っていた浜口さんに「負け」が宣告されてしまったのです。

浜口さんにしたら、「えっ？　延長戦じゃないの？」です。

あっという間に準決勝戦での敗退が決まり、金メダルの夢が消えてしまい茫然《ぼうぜん》となる浜口さん。

わずか6時間後には銅メダルをかけた3位決定戦ですが、どうしても、モチベーションがあがりません。

心の整理がつかない彼女は、日本の自宅へ電話を入れます。電話に出たのは彼女のお母さんでした。

すべての事情を知ったお母さんは、このとき、今まで一度として娘に言ったことがなかったひと言を言ったのです。

それは、こんなひと言でした。

「勝ちなさい！」

お母さんは続けてこう言います。

「（次の試合は）堂々と戦いなさい。私は今まで勝てって言ったことはないでしょ？でも、今回は勝ちなさい。銅メダルを取りなさい！」

この言葉が、ふたたび浜口さんの心に火をつけました。

「また試合ができるんだ！　嬉しい」

そう考えた彼女は、3位決定戦に勝利し、銅メダリストになったのでした。

人間、生きていれば、**「他人の過失によって不利益を被《こうむ》ること」**なんて、いくらでもあります。

そういうときって、その人の器の大きさが、もろに出てしまうもの。

そして、ひたすらに相手を非難したり、ヤル気を無くしたりしても、何ひとつ、自分によいことはありません。**くさって損をするのは自分なのです。**

「理不尽な間違い」が自分にふりかかるのは、いわば事故のようなもの。

相手の間違いは、**「自分の器の大きさを見せるいいチャンス」**くらいに考えて、あっさりと許してしまいましょう。

余談ですが、オリンピックでの誤審を受けたのに、それをやり過ごした篠原さんと、浜口さんが、2人とも、いい味を出すタレントに転身しているのは面白い。

もし、誤審に対して、ドロドロの抗議を繰り広げていたら、現在のタレント業はなかったような気がするのは、私だけでしょうか?

Word 28

「僕以上に、彼のほうが、気分が悪いはずだから」

アルマンド・ガララーガ　元メジャーリーガー

2010年6月2日。パーフェクトピッチングを続けていたガララーガ投手は、最後のバッターをファーストゴロに仕留めました。しかし、塁審のミスジャッジによってセーフと判定され、メジャーリーグ史上21人目の完全試合を逃してしまいます。

試合直後にビデオ映像を観た審判は素直に誤審を認め謝罪。偉業を逃したガララーガさんは、不満を言うどころか、笑顔でこの謝罪を受け入れ、マスコミのインタビューに対して、審判を気づかってこの言葉を口にしたのです。

翌日の試合前、審判には観客席からブーイングが浴びせられました。しかし、試合前のメンバー交換のときに、ベンチを出たガララーガさんは、審判に歩み寄ると、固い握手を交わしたのです。その瞬間、場内のブーイングは、大きな拍手に変わったのでした。

第 2 章

アスリートたちの

「へえ～っとなる話」

Story

12

「初めてNIPPONを背負って五輪に出た男」の教え

Word 29

体力、氣力、努力。

金栗四三《かなくりしそう》

（元マラソン選手）

日本が初めて参加したオリンピックは、今から100年以上も前の1912年。スウェーデンで開催された第5回ストックホルムオリンピックでした。

このときの選手団は、陸上競技の三島彌彦《みしまやひこ》さんとマラソンの金栗四三さんのわずか2人。金栗四三さんは、2019年NHK大河ドラマ『いだてん』の主人公の1人でしたよね。ちなみに、この四三という変わった名は、父親が43歳のときの子どもだったからだそうです。

このオリンピックでプラカードなどに記載された国名の表記は、こののちの「JAPAN」ではなく、「NIPPON」でした。まさに**この2人の若者は、「初めてNIPPONを背負って五輪に出た男」**だったのです。

しかし、結果は散々でした。

三島さんは100メートル、200メートル、400メートルの3種目に出場しましたが、予選落ち、最下位、準決勝棄権と惨敗。

そもそも、船とシベリア鉄道で20日近くかけて入国し、疲れ果てていた上に現地の取材対応、白夜による寝不足、合わない食事、そして、開会式の午後の本番というのですから、実力の半分も出せなかったことでしょう。

いっぽう、金栗さんのほうも、マラソンの当日に迎えの車が来なくて、走ってスタート会場まで行くというハプニングがありました。

しかも、マラソン当日のストックホルムは炎天下という悪条件。68人の参加者のうち33人が途中棄権し、脱水症状で倒れて死亡する選手まで出るという過酷な環境だったのです。金栗さんも26キロを過ぎたところで、脱水症状に陥り意識を失います。

しかし、テレビ中継はおろか、沿道での応援もない時代。金栗さんが倒れたことに、大会の関係者は誰も気がつきません。

結局、金栗さんは通りかかった地元のスウェーデン人に発見され、近くの農家で看病を受けたのでした。もし、この人が発見していなければ、金栗さんの人生はここで終わっていたかもしれません。

目を覚ましたのは翌日のことでした。

そして、オリンピックが終わってしまったと知った金栗さんは、ゴールをせずにそのまま帰国したのです。

そのため、金栗さんの公式な記録は、なんと、**「競技中に失踪《しっそう》し行方不明」**！

当時、地元では「ゼッケン番号822の消えた日本人」として話題になったそうです。

その後の金栗さん。準備万端でのぞんだ次のベルリンオリンピックでも選手に選ばれましたが、残念ながら第一次世界大戦のためオリンピック自体が中止。

次のアントワープでは、雨のなか、身体が冷えて左脚痛にみまわれ16位。そして、32歳で迎えた最後のパリでは、またしても暑さのため途中棄権と、3回のオリンピックはすべて天候に悩まされて不本意な成績に終わってしまいました。

しかし、日本における「駅伝」の創始者の1人となり、箱根駅伝も創設。長距離陸上界に貢献し続け、**日本の「マラソンの父」**と呼ばれたのです。箱根駅伝では、最優秀選手に「金栗四三杯」が贈られますよね。

日本の長距離競技の歴史を作り、また、生涯に約25万キロ（地球6周と4分の1）を走ったと言われる「マラソン界のレジェンド」が残した有名な言葉が94ページの

「体力、氣力、努力」です。

シンプルですが、アスリートの……というより、**人生に成功するための土台が凝縮された言葉**のような気がします。


さて。

「行方不明」という記録で終わったストックホルムオリンピックから55年もの歳月が流れた1967年のこと。金栗さんに一通の招待状が届きます。

それは、「ストックホルムオリンピック開催55周年」の記念イベントの招待状。

実はこれ、当時の金栗さんの記録を知った、イベントのスタッフが仕掛けたサプライズでした。

金栗さんが会場である競技場に行ってみると、そこにはゴールの白いテープが張られています。そして、スタッフからこう言われたのです。

「あなたのマラソンはまだ終わっていません。ここでゴールテープを切ってください」

コート姿のまま、競技場を数10メートル走り、笑顔でテープを切る金栗さん。すると、場内にこんなアナウンスが流れました。

「日本のカナクリ、ただ今ゴールイン。タイムは55年8カ月と6日、5時間32分20秒3。これをもって、第5回ストックホルム大会の全日程を終了いたします」

ゴール後、インタビューを受けた金栗さんは、**「長い道のりでした。この間に私は嫁をめとり、6人の子どもと10人の孫に恵まれました」**と答え、会場から大拍手を受けたのでした。

この話には、もう1つ後日談があります。

金栗さんのひ孫である蔵土義明《くらどよしあき》さんが、今度は「ストックホルムオリンピック開催100周年記念イベント」に招待され、金栗さんが走ったコースをマラソンで完走したのです。

そして、そのコースの途中では、かつてレース中に倒れた金栗さんを看病してくれた、農家のペトレさんのお宅を訪ね、ペトレさんのひ孫に、ひいおじいさんの命を助けてくれた感謝を伝えました。

日本がオリンピックに初参加してから、ちょうど100年目。

日本の「マラソンの父」のひ孫と、そのレジェンドの命を救った人のひ孫同士による、不思議な交流。

なんとも、いい話ではありませんか。

Word 30

「引退の一番の理由は、心と体が一致してトップレベルで戦うことがだんだん難しくなってきたと感じたからです」

澤穂希《さわほまれ》　元女子プロサッカー選手

ずっと「なでしこジャパン」を引っ張ってきた、澤さんの引退会見での言葉。トップで戦い続けるには、やはり「体力」「気力」「努力」なのですね。

Word 31

「体力の限界……、気力も無くなり、引退することになりました」

千代《ちよ》の富士《ふじ》　大相撲第58代横綱・九重《ここのえ》親方

183センチ、約120キロの体で優勝31回、53連勝などの記録を残した横綱の引退会見での言葉。この言葉も、「体力」「気力」がいかにアスリートにとって大切かを教えてくれます。千代の富士関は角界初の国民栄誉賞受賞者。昭和最後の優勝力士でもありました。

Story

13

競い合うよりも大切なこと

Word 32

オリンピック競技大会は、
個人種目または団体種目での
選手間の競争であり、
国家間の競争ではない。

「オリンピック憲章」のなかにある言葉

世の中というものは、なんでも白黒をつければよいというものではありません。ときには、決着をつけないほうがよいことだってあります。

メダルを競《きそ》うオリンピックにも、メダルの色以上に大切なものがある。

1936年のベルリンオリンピックの棒高跳びにおける、西田修平《にしだしゅうへい》さんと大江季雄《おおえすえお》さんのエピソードは、まさに、そのことを教えてくれているような気がします。

その日。棒高跳びの決勝がスタートしたのは、現地時間の午後4時でした。

しかし、3人のアメリカ人選手と2人の日本人選手、西田さんと大江さんの計5人が、クリアを続け、日没になってもなかなか決着がつきません。

やがて、アメリカ人選手が1人脱落。

残るは4人。

そのなかからアール・メドウスさんが、1人だけ4メートル35センチをクリアして、まず金メダルが決定しました。

残るは、銀メダルと銅メダルをかけた残り3人の争いです。

10センチ低い、4メートル25センチ。

西田さんと大江さんはクリアしましたが、アメリカ人選手がこれを失敗。

いよいよ、あとは日本人同士で、銀メダルをかけて争うことになりました。


しかし……。

このとき、すでに決勝が始まってから5時間以上が経過していて、時刻は9時すぎ。

2人とも、ずっと跳び続けて、疲れ果てていましたし、また、**「日本人同士では争えない」**と、委員会に競技の終了を申し出たのです。


このときの2人は「2人とも2位」だと思っていたそうです。

しかし、順位の決定を一任された日本チームは、跳ぶ回数が少なく、年上でもあった西田さんを銀メダル、大江さんを銅メダルと決定してしまいます。

これは、銀メダルに決まった西田さんにとっても不本意な決定でした。

彼は、その気持ちを表すために、表彰式のとき、2位の表彰台を大江さんにゆずり、自分は3位の台にあがって表彰を受けたのです。

さらに、帰国した2人は、お互いの銀と銅のメダルを真ん中から半分に切り、それをくっつけて、**「銀メダルと銅メダルが半分ずつくっついたメダル」を作ってしまった**のです。

このエピソードは、当時、「友情のメダル」として大いに話題になりました。ベルリンオリンピックの公式記録映画『オリンピア』のなかでも、長い時間を割《さ》いて、このエピソードを美談として取り上げています。

余談ですが、この『オリンピア』のなかで、この2人の棒高跳びのシーンは、後日、スタジオで撮影し直したもの。私は、このシーンを観たことがありますが、あからさまにそれとわかります。昔のドキュメンタリー映画には、たぶんよくある演出なのでしょうね。

そんな、映画にまで取り上げられるほどの感動を呼んだこの「友情のメダル」の物語。しかし、たぶん、当の2人にとっては、そんなに大げさな話ではなく、ごく自然なことだったのではないでしょうか。

だって、決着がついていないんですから！

冷静に考えれば、ちゃんと決着がついてもいないのに、周りの関係のない人たちが強引に銀メダルと銅メダルの順位をつけてしまうほうがどうかしています。

ちなみに2人はこのとき、早稲田と慶應の学生で、オリンピック前からの良きライバル。この「友情のメダル」は、現在、早稲田大学（西田さんのメダル）と秩父宮記念スポーツ博物館（大江さんのメダル）で保管されているそうです。

オリンピックの選手たちは金メダルを取るために死力を尽くします。

だからこそ、ドラマも生まれ、その姿を見た私たちは感動します。

しかし、いっぽうで、「オリンピック憲章」にはこんな一文があります。

「オリンピック競技大会は、個人種目または団体種目での選手間の競争であり、国家間の競争ではない」

選手自身が金メダルを目指して死力を尽くすのは至極当然のことです。

しかし、それがいつの間にか、国家間でメダルの数を争うようになってしまってはいけない。

そうした理由から、オリンピック憲章では、**メダルの獲得数の「世界ランキング」を作成してはならない**としているのです。

いつの時代も、**オリンピックは選手ファースト！**

選手は、あくまでも自分のために頑張る！

私たちはその頑張りを応援し、勇気やパワーをもらえばいい。

選手たちのメダルの数が、「国の威信《いしん》」という、目に見えない怪物に利用されてはならないのです。

これを忘れると、何かがおかしくなります。

Word 33

「幸吉は、もうすっかり疲れ切ってしまって走れません」

円《つむら》谷《や》幸吉《こうきち》　元マラソン選手

1964年東京オリンピック、マラソンの銅メダリスト、円谷幸吉さんは、高度成長を迎えた日本中から、次期オリンピックでの金メダル獲得の重圧をかけられた結果、自ら命を絶ちました。腰痛の悪化による成績不振。オリンピック出場の妨げになるとして強制された婚約者との破談などが原因と言われています。円谷さんのような悲劇が二度と起こらないことを祈り、遺書の全文を掲載します。

父上様 母上様 三日とろろ美味しうございました。干し柿 もちも美味しうございました。

敏雄兄 姉上様 おすし美味しうございました。

勝美兄 姉上様 ブドウ酒 リンゴ美味しうございました。

巌兄 姉上様 しそめし 南ばんづけ美味しうございました。

喜久造兄 姉上様 ブドウ液 養命酒美味しうございました。又いつも洗濯ありがとうございました。

幸造兄 姉上様 往復車に便乗さして戴き有難とうございました。モンゴいか美味しうございました。

正男兄 姉上様お気を煩わして大変申し訳ありませんでした。

幸雄君、秀雄君、幹雄君、敏子ちゃん、ひで子ちゃん、

良介君、敬久君、みよ子ちゃん、ゆき江ちゃん、

光江ちゃん、彰君、芳幸君、恵子ちゃん、

幸栄君、裕ちゃん、キーちゃん、正嗣君、

立派な人になってください。

父上様 母上様幸吉は、もうすっかり疲れ切ってしまって走れません。

何卒 お許し下さい。

気が休まる事なく御苦労、御心配をお掛け致し申し訳ありません。

幸吉は父母上様の側で暮しとうございました。

Story

14

自分にとって「最強の敵」

最強の敵は自分自身。

アベベ・ビキラ

（元マラソン選手）

Word

34

「あのゼッケン11番は何者だ！」

1960年のローマオリンピック。

マラソンを報道する世界のプレスたちは、騒然となったそうです。

何しろ、ぜんぜんノーマークだった無名のランナーがトップを走っている。

しかも、その足元は、なんと裸足！

その「謎の男」は、優勝候補だったモロッコのラジさんを抜き30キロ地点でトップに立つと、40キロ過ぎには追いすがるラジさんをふり切って、そのままトップでゴールテープを切ってしまいました。

タイムは2時間15分16秒2。当時の世界最高記録での金メダルです。

ランナーの名は、アベベ・ビキラさん。エチオピアの選手。

ゴール後、インタビューを受けた彼は、平然と**「自宅から皇帝の宮殿まで、毎日これくらいの距離を走っているのであまり疲れていない」**と言って周りを驚かせます。

世界のマラソン界を驚愕《きょうがく》させた、「裸足の王様」はこうしてオリンピックの舞台に降臨したのです。

貧しい農家出身のアベベさんは、子どもの頃から裸足で家から農場までの10キロの道を走って往復していたといいます。しかし、彼がローマオリンピックで裸足だったのは、直前にシューズがダメになり、現地で自分に合うシューズが見つからなかったためで、まったくの偶然だったとのこと。

当時のエチオピアのエリートとはいえ、皇帝をガードする親衛隊の一軍人にすぎなかった彼は、赤道以南のアフリカ大陸出身者として初めての金メダリストとなり、帰国後、一躍《いちやく》「エチオピアの英雄」になりました。

かつて、ムッソリーニ政権時代にイタリアに征服された屈辱的な歴史を持つエチオピア人にとって、イタリアの首都で開催されたローマオリンピックでのアベベさんの金メダルは、特別な意味があったのです。

また、奇《く》しくも、ローマオリンピックがあった1960年は、アフリカ大陸で17もの国が独立し、「アフリカの年」と呼ばれたメモリアルな年。

アベベさんの金メダルは、本人の意思とは関係なく、彼をエチオピアの英雄に、そして、アフリカのブラックパワー台頭のシンボルにしてしまったのでした。

ローマ以降、各地の大会で5回優勝したアベベさんは、1964年の東京オリンピック出場のため来日します。しかし実は、その来日のわずか2週間前、急性盲腸炎で入院し手術をしていて、来日後もわき腹をおさえながら練習をする姿に、下馬評では、「満足に走ることもできないのではないか」と言われていました。

しかし……。

本番のレース当日。ローマとは違ってシューズを履いて現れたアベベさんは、序盤こそ最後尾にいたものの、7キロ付近では先頭集団に入り、20キロ地点では、すでに独走。

2時間12分11秒2と、ふたたび世界最高記録で優勝したのです。

それは、「オリンピックのマラソンは連覇できない」と言われていたそれまでの定説を覆しての金メダル（のちに東ドイツのチェルピンスキーさんも、1976年モントリオールと1980年モスクワで連覇）でした。

また、このときアベベさんに、自分が持つ世界最高記録を目の前で破られたイギリスのヒートリーさんは、日本の円谷幸吉さんをゴール直前で抜いて銀メダルを獲得しています。

その黙々と走る姿から、「走る哲学者」とも呼ばれたアベベさんは、この偉大な2連覇のときも、無表情のまま、少しだけ手をあげてゴールしました。

優勝後、記者団に囲まれたアベベさんは、こんな言葉を残しています。

「敵は67人のランナーではなかった。私自身だった。私はその戦いに勝った」

オリンピックのマラソンを連覇したアベベさんは、祖国でますます英雄になり、軍隊での地位も上がっていきます。

しかし、このとき、すでに30歳を超えていた彼には、徐々に限界がしのび寄っていました。

東京オリンピック後も、翌年の「毎日マラソン（のちの「びわ湖毎日マラソン」）」などで優勝を重ねてはいましたが、**年齢という「最大の敵」**がだんだんと彼のなかで少しずつ大きくなっていったのです。

傍《はた》から見ると、簡単に優勝しているように見えても、アベベさんは、東京オリンピックの前から家族にこんな言葉を漏《も》らしていたそうです。


「走ればまた勝つと思われているっていうのは辛いことだな」

ローマオリンピックでエチオピアの英雄になって以来、彼はずっと、**国家からの期待に押しつぶされそうになる自分と戦っていた**のです。


そして、ついに、その孤独な戦いに終止符が打たれる日がきました。

1968年、3回目のオリンピックとなるメキシコシティーでの大会。

レース前からひざを痛めていた36歳の英雄は、42・195キロの半分も走ることができず、17キロ地点でレースを棄権。

これが、アベベさんにとって、人生最後のマラソンになりました。

このオリンピックから半年後。

愛車のフォルクスワーゲンを運転しているとき、対向車のライトに目がくらんだ（本人談）アベベさんは交通事故を起こし、下半身不随になってしまったのです。

皮肉なことに、このとき彼が乗っていた愛車は、彼を昇進させ続けてきた軍から贈られたものでした。

1972年のミュンヘンオリンピック。

アベベさんは、「過去の著名な金メダリストの1人」として招待され、車椅子姿で開会式に参加しました。

オリンピックのマラソンに彗星《すいせい》のごとく現れた「裸足の王様」は、このミュンヘンオリンピックのわずか1年後に、脳出血（推定）によって41歳の若さで亡くなりました。

「マラソン・レースは、自分自身との戦いで、自分という最強に打ち勝たなければ優勝することはできない」という言葉を残しているアベベさん。

その「自分との戦い」は、こうして幕を閉じたのです。

なお、アベベさんが貧しい家庭を支えるために心ならずも入隊していた軍隊。その軍隊が守っていた皇帝による政権は、アベベさんが亡くなった翌年の１９７４年に、エチオピアで革命が起こり、崩壊したそうです。

Word 35

「昨日の自分より今日の自分、今日の自分より明日の自分と、いつも自分に挑戦して欲しい」

高野進《たかのすすむ》　元陸上選手・指導者

自分の敵は自分。自分の限界との挑戦がアスリートの毎日なのかもしれません。

Word 36

「限界は自分で考えているよりもはるか先にある」

長友佑都　プロサッカー選手

つい、「もう限界」って言ってしまう自分が恥ずかしくなる言葉です。

Word 37

「自分で自分に金メダルをかけてあげられるような人生を歩んでいきたい」

斉藤仁《さいとうひとし》　元柔道選手

ロサンゼルスとソウル、2つのオリンピックで、柔道重量級(95キロ超級)金メダリスト。「自分で自分に金メダル」どころか、ちゃんとオリンピックで金メダルをもらっています。

Word 38

「できる時にできることを精一杯やる。できない時はその時にできることをやる」

羽生結弦　フィギュアスケート選手

2014年ソチ、2018年平昌とオリンピック2大会連続の金メダリスト。自分との戦いに勝ち続けている羽生さんの信条が垣間見られる言葉です。羽生さんには、「努力はウソをつく。でも無駄にはならない！」という名言もあります。

Word 39

「走る素質はないと思います。でも人が苦しくてダメだというときでも、私はやめない性格なんです」

有森裕子《ありもりゆうこ》　元女子マラソン選手

小出義男《こいでよしお》監督から「人の3倍練習しなさい」と言われ、練習の虫となった彼女は、1992年バルセロナオリンピックで銀メダルを獲得。しかし、その後は怪我に悩まされました。有名な「初めて自分で自分を褒めたいと思います」は、次のアトランタで銅メダルを獲得したときの言葉。彼女にとってアトランタの銅は、銀メダル以上の価値だったのですね。

Story

15

好きになって熱中すれば、
プレッシャーなんて逃げていく

Word 40

プレッシャーを
楽しいと思ったとき、
その人間は本物になれます。

長嶋《ながしま》茂雄《しげお》
（元プロ野球選手・監督）

「ミスタープロ野球」とまで呼ばれたスーパースター、長嶋茂雄さん。

野球が好きすぎて、それ以外の細かいことについてはあまり気にしない人です。まあ、本当はどうなのかは知りませんが、そのエピソードを見るかぎり、ことごとく、野球以外のことに神経がいっていない。

まだ子どもだった一茂《かずしげ》さんを球場に連れて行ったのに、試合に夢中になって、一茂さんのことをすっかり忘れ、1人で帰宅してしまったのは有名な話。このエピソードだけでも、野球に夢中になると、その他のことが「お留守」になってしまうのがわかりますよね。

ただ、その分、野球については、**圧倒的な自信**を持っていました。

それは、こんな発言にもあらわれています。

「僕はいつも、『オレは絶対打てる』という気持ちでボックスに立っていますよ」

「魂を込めて打てば、野手の正面をついたゴロでもイレギュラーする」

「スターというのはみんなの期待に応《こた》える存在。でも、スーパースターの条件は、その期待を超えること」

ベンチからのサインをいっさい見ない長嶋さんに、コーチが「もう少しベンチのサインを見てもらわんと」と注意すると、「**僕は、巨人の4番打者だよ。サインなんて、『打て』以外に、あるわけないじゃない**」と真顔で返したことも。

この圧倒的な自信が、長嶋さんの最大の強み。

たしかに、これでは、**プレッシャーのほうが尻尾を巻いて逃げていく**でしょう。

長嶋さんは、とくにチャンスに強いバッターでしたが、この自信が運を引き寄せていたのかもしれません。

金田正一さんの項で少し触れましたが、プロ野球のデビュー戦は、4打席連続三振でした。

長嶋さんがすごかったのは、そのすべてが渾身《こんしん》の空振りだったということ。

これ、普通の選手なら……というより普通の人なら、1球目を空振りしたら、次の球は見送ります。

前の打席で三振したら、次の打席の1球目は、つい見送りたくなるもの。

でも、長嶋さんは、すべての球を全力で空振り。
常人にできることではありません。
このあたりからして、やることがもう宇宙人。
試合後、金田さんは、**「あの小僧、ものになるかもしれん」**と言ったとか。

もちろん、長嶋さんが「宇宙人」と呼ばれたのは、野球以外での数々のエピソードが理由でした。たとえば……。

皆でフグを食べにいったとき。長嶋さん、目の前に置かれた大皿に盛られたフグをダーっとすくって食べてしまってから、ひと言。

「あれっ？　みんなのはどこ？」

長嶋さんが選手時代の巨人の監督は、厳しい指導で知られた川上哲治《かわかみてつはる》さん。
ある日のこと。川上監督は、ミーティングで、身体の小さな栃ノ海《とちのうみ》関が横綱になる過程についての話をして、選手たちに、それについての感想レポートを提出させたそうです。

まじめな王さんは10枚近くの感想レポートを書いたのに対して、長嶋さんの感想レポートは、次のたったひと言でした。

「わかりました」

長嶋さんといえば、英語と日本語をゴチャ混ぜにした長嶋節のエピソードも外せません。単語の言い間違いなんて、ぜんぜん気にしていませんでした。

新婚当時、自分たちを追い回す報道陣に対して、ひと言。

「いいかげんにしてよ。僕にだってデモクラシーがあるんだ!」

ある年のキャンプで、風邪を引いている記者に向かってひと言。

「インフレが流行《はや》ってるから、気をつけないとね!」

監督時代、円陣を組んで、選手たちに。

「いいかオマエたち、絶対にあきらめるな! 人生はギブアップだ!」

紹介したらキリがありません。

あるジャンルで突出した力を発揮する人が、それ以外のことについて、とんでもなく無頓着《むとんちゃく》なことがあります。

カリスマ創業者が周りにいっさい忖度《そんたく》しないとか、芸術家が創作以外にはぜんぜん興味がないとか……。

まるで、脳を「そのこと」だけに集中して使っているから、ほかのことまで気にしていられない……という感じなんですね。

長嶋さんは、「プレッシャーを楽しいと思ったとき、その人間は本物になれます」と言っていますが、**あることに本気で熱中すると、プレッシャーなんて二の次になる**のかも……。

プレッシャーをぜんぜん感じないくらいに野球が大好きだったから、長嶋さんは「野球の神様」に愛されたような気がします。

だって、「野球の神様」に愛されていなければ、あんなに**「ここ一番」の打席が都合よく回ってくる**ことはないと思うのです。

その極めつけは、1959年6月25日に昭和天皇・香淳《こうじゅん》皇后両陛下を迎えて行なわれた「天覧試合」でのサヨナラホームランでしょう。

4対4の同点で迎えた9回裏の先頭バッター。

このように、「ここでホームランを打てば、サヨナラホームランになる」という打席が回ってくるということが、すでに「野球の神様」に、えこひいきされています。

長嶋さんが、こんな美味《おい》しいチャンスをものにしないわけがなく、のちの大投手でそのときはまだ新人だった村山実《むらやまみのる》さんから、サヨナラホームランをかっ飛ばします。

両陛下は試合の結果に関係なく午後9時15分にはお帰りになることが決まっていましたが、その3分前のサヨナラホームランというところも神がかっていますよね。

ちなみに長嶋さんは、5回には同点ホームランを打っていて、サヨナラホームランはこの日2本目のホームラン。

さらに、この試合では、その年に入団したばかりのルーキー、王貞治さんもホームランを打っていて、実はこれが、**その後、106回もある「ON砲によるアベックホームラン」の1回目**だったと言いますから、本当にプロ野球の歴史に残る試合だったのです。

この試合の前、長嶋さんはサヨナラホームランを打つ自分をイメージしてから試合にのぞんだそうで、さすがとしか言いようがありません。

メジャーで二刀流選手として活躍している大谷翔平《おおたにしょうへい》さんは、**「頭で最初に考えて、そして後からモノができる。160キロ投げている姿がある。そこに後からできる現実がある」**と言っていますが、イメージによる引き寄せってスゴイ。

野球を愛し、野球の神様に愛された長嶋さん。

そりゃー、あなたなら「プレッシャーでさえ楽しむことができたでしょう」と改めて思います。

Word
41

「練習を楽しみ、技の開発を楽しみ、試合を楽しむ。この3つは同じくらい大切なことです」

塚原光男《つかはらみつお》　元体操選手

1972年ミュンヘンオリンピックと1976年モントリオールオリンピック、2大会で鉄棒の金メダリスト。彼の代名詞、「月面宙返り（ムーンサルト）」や跳馬《ちょうば》の「ツカハラ跳び」などの技は、この「楽しむ」の精神が生み出したのですね。ちなみに、2004年アテネの体操団体総合で金メダルを取った塚原直也《なおや》さんは長男で、日本初の親子金メダリストです。

Word
42

「私のプレースタイルは笑顔」

渋野日向子《しぶのひなこ》　女子プロゴルファー

2019年の「全英女子オープン」で、日本人女子選手としては、樋口久子《ひぐちひさこ》さん以来42年ぶりの海外メジャー優勝。プレッシャーのかかる場面でもニコニコしていて、ついたニックネームが「スマイルシンデレラ」。プレッシャーも楽しんでの快挙でした。

Word 43

「そんなにメダル、メダルというなら、自分で泳げばいいじゃないですか！」

千葉《ちば》すず　元競泳選手

この過激な言葉は、不振に終わったアトランタの女子水泳チームに対する、マスコミの「楽しむという姿勢だから負けたのでは？」という報道に対して、キャプテンだった彼女が怒りを爆発させたときのもの。

その前のバルセロナオリンピックのときは、アイドル水泳選手として人気が爆発した彼女。多いときは1日10件を超える取材を受ける日々が続いた結果、200メートル自由形は6位どまり（このとき、マスコミがノーマークだった岩崎恭子さんが200メートル平泳ぎで金）。

その経験から、続くアトランタオリンピックで女子水泳チームのキャプテンになった彼女が、選手たちに伝えたのは、「水泳を楽しめ！」だったのです。

言葉は過激ですが、「死ぬほど練習してきた選手が、夢舞台であるオリンピックを楽しんで何が悪い！　成績が悪かっただけでマスコミが好き勝手に批判するのはおかしい」ということですね。まったく、そのとおりだと思います。

Story

16

周りを自分の世界に引きずり込む

Word 44

自分が英語を覚えるより、周りに日本語を覚えさせるほうが早いでしょ。

新庄《しんじょう》剛志《つよし》

（元プロ野球選手・メジャーリーガー）

日本のプロ野球史上、周りの人たちから「宇宙人」と呼ばれたのは、長嶋茂雄さんと、もう1人はこの人。新庄剛志さんです。

新庄さんがプロ野球選手になったのは1990年。前年のドラフト会議で阪神タイガースに5位で指名されてのこと。

彼の最大の武器は、イチローさんに匹敵する強肩《きょうけん》でした。

実は私、新庄さんが阪神タイガース時代に、球場で「ナマ新庄」を見たことがあります。驚いたのは試合前の練習でした。外野の選手同士でキャッチボールをしていて、相手の選手が全力で投げたボールは、山なりでワンバウンドしてやっと新庄さんに届くのに、新庄さんが軽い感じでひょいと投げたボールは、矢のようなライナーで相手のグローブめがけて飛んでいき、スパーンといい音を立てていました。その強肩ぶりに度肝《どぎも》を抜かれたのを覚えています。

この新庄さん。高校時代、練習中に、プロ野球のスカウトが、チームメイトの1人を見に来ていると知って、勝負に出たことがあります。

外野の隅っこでシートノックを受けているところにボールが転がってきたのをチャ

ンスと思い、そこから思いっきりバックホームをして、わざと暴投し、キャッチャーのはるか後ろのバックネットにボールをダイレクトでブチ当てたのです。

見に来ていたスカウトが驚いたのなんの。「何者だ、あの鉄砲肩は？」と、一気に注目されるようになったそうです。

ちなみに、タイガースのスカウトが新庄さんにつけた評価は、「打撃＝B、走力＝A、**肩力＝特選A**」。つまり、バッティングは今ひとつ（新庄さん、失礼！）ながら、俊足《しゅんそく》で、とんでもない強肩の持ち主というもの。このスカウトが高校生選手の肩に「特選A」をつけたのは、後にも先にもこの新庄さんだけでした。

その見立てどおり、阪神入団後の打率は2割5分あたりを行ったり来たり。

しかし、新庄さん、ファンからは絶大な人気がありました。なぜって、まず、打率が低いくせに（新庄さん、重ね重ね失礼！）、チャンスにはべらぼうに強かった。さらに、敬遠のボールを打ってサヨナラにするなど、とにかくプレーに華があったのです。

そんな新庄さんは、2001年から3年間、メジャーリーグでプレーしました。

ニューヨークメッツへ入団した当時、まったく英語をしゃべれなかったという新庄さん。その「言葉の壁」への対策はとんでもないものでした。

なんと、新庄さん、こう考えたのです。

「自分が英語を覚えるより、周りのみんなに日本語を覚えてもらったほうが早いや」

こう考えて、本当に周りの選手に少しずつ日本語を教えたのですからすごい。

誰の人生にも、引っ越し、転職、転勤、異動、転校など、**「新しい環境に飛び込む転機」**はつきものです。自分を取り巻く環境や周りにいる人たちが変わってしまい、なかなかその変化についていけないこともあるでしょう。

そんなとき、無理して自分を周りに合わせて変えることはありません。

「自分ではない自分」を演じても、ぎこちなくて苦しいだけ。

だったら、新庄さんのように、マイペースを崩さず、自分らしさを貫けばいいではありませんか。

ずっと営業だった人が事務部門に配属になって馴染《なじ》まない仕事に委縮するより、「事務部門に営業経験者の新しい血を入れて、引っかき回してやる!」くらいの気持ちでノビノビやったほうが、双方のためにもイイのです。

さて。渡米するときは、「日本で2割5分しか打てない選手がメジャーのピッチャーを打てるわけがない。日本の恥だ」と散々に言われた新庄さん。フタを開けてみれば、アメリカ人好みの派手なプレーはファンの心をつかみました。

「ホームランを打つときは、たいてい目を瞑《つむ》ってます。あんな速い球、どうせ見えないもん」という言葉とはウラハラに、ときには4番打者をつとめたりして、それなりに活躍。2002年には、**日本人選手として初めてワールドシリーズへの出場も果たしたのです。**

帰国後は、北海道日本ハムファイターズに移籍。入団会見では、「**これからはメジャーでもない。セ・リーグでもない。パ・リーグです！**」と名言を残し、さらに、「**札幌ドームを満員にする**」「**チームを日本一にする**」と宣言しました。

有言実行《ゆうげんじっこう》。入団後のファンを魅了する数々のパフォーマンスとプレーは、**「新庄劇場」**という言葉まで誕生するほどの大人気に。

2004年には、オールスター戦の出場前に**「(オールスター戦の)MVPは僕のものです!」**と日ハムファンに宣言。その言葉のとおり、オールスター戦で史上初のホームスチールを決めるなどし、本当にMVPになってしまいました。

そして、2006年。

4月の段階で**「今季限りで引退」と発表したその年。入団会見での宣言のとおり、日本ハムを日本一にして、球界を引退**したのです。

新庄剛志という宇宙人は、周りの人たちが信じられないようなことを次々と宣言し、それをことごとく現実にしてしまいました。

周りを自分のペースに引きずり込み、いつの間にか、周りの世界のほうが新庄さんに魔法をかけられてしまう。新庄さんには、そんな不思議な力があったように思います。

2019年。引退後はバリ島に住むなど、しばらくおとなしかったこの宇宙人が、ふたたび動き出しました。

なんと、2020年の「12球団合同トライアウト（自由契約選手を対象とした入団アピールの場）」を受験すると宣言したのです。

2006年に現役引退し、トライアウト時には48歳となる新庄さん。

常識的に考えれば、受かるわけがないと思えます。

でも、なんだか、「新庄が言うのだから、現実になるかもしれない」という気も……。楽しみです。

Word
45

「今年のオレのゴールデン・グラブ賞はおかしいと思います」

新庄剛志　元プロ野球選手・メジャーリーガー

2005年。怪我で出場機会が少なかった年、ゴールデン・グラブ賞の授賞式での言葉。続けて、「1年間、この賞を心の中で目指して取り組んでいた選手に申し訳ない。来年からは、印象ではなく、客観的な数字で選んでほしい」と発言。一見、おチャラけたキャラの新庄さんが、実は、プロ野球全体について考えているると見直された言葉です。この年以降、同賞は、印象ではなく、実力で受賞者を選ぶようになったと言われています。

Word
46

「メンタルトレーニングでは、大会で飛ぶ姿から表彰台で喜ぶ姿までをイメージし、本番に挑みました。五輪の試合の朝も、メダルを獲った姿を想像して泣いていました」

船木《ふなき》和喜《かずよし》　スキージャンプ選手

1998年長野オリンピックで金メダル2つ（個人ラージヒル、団体ラージヒル）、銀メダル1つ（個人ノーマルヒル）獲得のレジェンドの言葉。イメージ力もハンパないです！

Story

17

「本質」さえ一緒なら

今日で自信が確信に変わりました。

松《まつ》坂《ざか》大《だい》輔《すけ》

（プロ野球選手）

Word 47

水島新司《みずしましんじ》さんの野球漫画、『ドカベン』（秋田書店）のなかに、こんな場面がありま
す。

それはまだ、主人公のドカベンこと山田太郎が高校生の頃のこと。

甲子園で大活躍をしたドカベンが、どこのプロ野球チームに入るのかで、マスコミの報道は過熱します。

そんな世間の騒ぎのなか、ドカベンは周りをいっさい気にすることなく、黙々とバットの素振りをしている。そして、こう思うのです。

「どこに行っても、野球は野球だ」

セ・リーグに行こうが、パ・リーグに行こうが、ピッチャーが投げたボールをバッターが打つという野球の「本質」に変わりはありません。

野球を愛しているドカベンにとっては、「どのチームでプレーするか」なんて、それほど重要なことではなかったのです。

野球の本質さえ一緒ならそれでいい。なんの不満も不安もない……。

１３８ページの言葉の主、松坂大輔さんは、１９９８年に横浜高校のエースとして甲子園の春夏連覇を達成。しかも、夏の大会の決勝戦では、なんとノーヒット・ノーランを達成し、「平成の怪物」と呼ばれました。

西武ライオンズに入団して迎えた4月7日、デビュー戦の対日本ハム戦。先頭バッターを見逃し三振に打ち取りツーアウト後、3番の強打者、片岡篤史《かたおかあつし》さんを今度は１５５キロの直球で空振り三振。そのときの衝撃的な１球の場面を覚えているプロ野球ファンは多いと思います。

このデビュー戦で8回を投げ、被安打5、奪三振9、２失点でプロ１勝目をあげた松坂さんは、ヒーローインタビューで、この言葉、**「今日で自信が確信に変わりました」**を言い放ったのでした。

プロ入りしても野球は野球。「自分は打たれない」という、その自信に間違いはなかった……という、いわばドカベンと同じ境地です。

その「確信」を裏づけるかのように、このルーキーイヤー。松坂さんは16勝5敗という成績を残し、新人王はもちろん、最多勝投手、そして、ベストナイン、ゴールデン・グラブ賞まで獲得したのでした。

さて、もう1つ、「自分がやっていることの本質が変わらなければ何も怖くない」という、ゆるぎない自信を感じさせてくれるアスリートの言葉です。

「ピッチはいつだって四角だし、ボールはどこでも丸い」

これは、サッカー史上、屈指のファンタジスタ、ロナウジーニョさんの言葉です。

かつて、ブラジルからフランスのパリ・サンジェルマンFCへの移籍が決まり、ヨーロッパデビューが決まったとき、記者から「個人技重視の南米サッカーから、組織力を重視するヨーロッパサッカーへ移ることに不安はないか?」と聞かれた彼は、こんな言葉で答えたのです。

サッカーは、どこに行こうがサッカー。ヨーロッパに行ったたって、ピッチが円形になるわけでも、ボールが立方体になるわけでもない。オレには、なんの不安もないよ、というわけです。

この言葉のとおり、ロナウジーニョさんはヨーロッパで2年連続のＦＩＦＡ最優秀選手賞を獲得するなど大活躍をしました。２０１８年に引退するまで、四角いピッチで丸いボールを蹴り続けたのですね。

ドカベンも、松坂さんも、ロナウジーニョさんも、自分たちがやっている競技の「本質」をつかんでいるから、まったくブレがないのです。

私の知人に、お笑い芸人を目指して頑張っていた人がいます。

しかし、なかなか売れなくて、芸人として生きていくことに悩んでいました。

そして、ある日、こう考えたのです。

「あれ？　自分はどうして、お笑い芸人になりたかったんだっけ？」

そして、気がつきました。

「そうか、たくさんの人に笑ってもらって、元気になってもらいたかったんだ！」

そう。**自分が目指していたことの「本質」を思い出した**のです。

彼は今、お笑いの舞台の裏方として、お笑い芸人たちを助け、たくさんのお客様に「笑い」を提供しています。

会社から、地方の営業所への転勤を打診されて悩んだ知人もいます。

でも、その知人も、「別に売るものが変わるわけじゃない」と、自分の仕事の本質を思い出して、その打診を受け入れました。

現在は、地方で美味しいものを食べ、温泉に浸かって、転勤ライフを満喫しています。

人間は、本能的に変化を嫌う動物です。

せっかく慣れている、今の生活が壊れることを避ける（人が多い）。

でも、そのことで、チャンスを逃していたら、井《い》の中の蛙《かわず》になってしまいかねません。

変化を恐れる気持ちが出てきたら、この3人の言葉を思い出してみると、「本質は変わらないじゃないか」って、思えるかもしれません。

Story

18

正々堂々とした「かけひき」

Word 48

フェアプレーはスポーツのすべて。

モハメド・ラシュワン

（元柔道選手）

エジプトの柔道家、モハメド・ラシュワンさん。

この名前を忘れられない日本人は多いのではないでしょうか。

それは1984年。ロサンゼルスオリンピックの柔道無差別級の決勝。

山下泰裕《やましたやすひろ》さんと金メダルをかけて対戦したのが、このラシュワンさんでした。


このオリンピック。金メダルは確実と言われていた山下さんでしたが、2回戦の試合途中で右足に肉離れを起こしてしまいます。

なんとか絞《し》め技で勝った山下さんは、「肉離れを起こしたことを悟《さと》られまいと、平然と歩いて控え室に帰った」つもりでしたが、右足を引きずっているのは見え見え。控え室に飛んできたコーチの顔を見て、相手の選手たちにも負傷がバレてしまったことを悟り、腹をくくったそうです。

続く準決勝。「効果」を先取されたものの、守りに入った相手に対して、技を仕掛け、「合わせ技」で勝利し、決勝にコマを進めます。

決勝の相手は、2メートル近い巨漢、ラシュワンさん。

同じ控え室だったことから、山下さんは目が合ったときにあえて意図的に微笑《ほほえ》みかけ、ラシュワンさんは笑顔を返してきたといいます。

ラシュワンさんは、もともと、YMCAでバスケットボールをやっていました。17歳だったラシュワンさんに、柔道の才能を見出《いだ》し、転向を勧めたのは柔道指導者の山本信明《やまもとのぶあき》さん。

そう。ラシュワンさんの柔道の師匠は日本人だったのです。

金メダルがかかった決勝の前。コーチをしていた山本さんは、ラシュワンさんに、およそ次のようなアドバイスをします。

「山下はケガをしていて自分からは仕掛けられない。だから**最初の1分間は、我慢して自分からは攻めるな。山下の焦りを引き出せ。**1分経ったら思い切って仕掛けろ。そうすれば勝てる!」

山本コーチが選択したこの戦法は、的《まと》を射ていました。山下さんは、まさに、ラシュワンさんから技を仕掛けてくるのを待っていたのですから。

そして、迎えた決勝戦。

ラシュワンさんは、コーチのアドバイスを忘れたかのように、試合開始の直後から、積極的に投げ技を仕掛けます。それは、負傷している右足を露骨に攻めるものではなく、山下さんの負傷とは関係ない普通の攻めです。

それは、試合が始まってからわずか10数秒後のことでした。

技をかわされてラシュワンさんがほんの少しバランスを崩した瞬間を見逃さなかった山下さんが、電光石火《でんこうせっか》で寝技に持ち込んだのです。

寝技から抜けようと、必死にもがくラシュワンさん。

死んでも抜けさせまいと、懸命に抑え込む山下さん。

そして、ついに一本勝ちを告げるブザー音。

こうして山下さんは、「横四方固《よこしほうがた》め」で一本勝ちを果たし、金メダルを獲得したのです。それは、4年前、日本のモスクワオリンピックボイコットを経験した山下さんにとっては悲願の金メダルでした。

一本が決まった瞬間、畳を叩いて勢いよく立ち上がった山下さん。あふれる涙をぬぐおうともしないその姿に、日本中が感動しました。

そして、試合後の表彰式。

足を引きずる山下さんが表彰台に上がろうとするとき、ラシュワンさんが手を差し伸べます。そして、表彰台に上がった山下さんは、銀メダルになったラシュワンさんのその手を高々と上げたのでした。

試合後、マスコミから「なぜ、負傷している右足を攻めなかったのか？」と聞かれたラシュワンさんは、こう答えています。

「私はアラブ人だ。アラブ人としての誇りがある。そして私は柔道家だ。あの偉大な山下に対してそういう卑怯《ひきょう》な戦いはできない」

この言葉は、世界中で報道され、そのフェアプレー精神が絶賛されました。

試合の直後には、「負傷した選手に負けるとは！」と激怒していたエジプトのスポーツ関係者も、この報道を受けて、すぐに「お前はアラブの誇りだ！」と手のひらを返したといいます。

ラシュワンさんは、この決勝戦での試合ぶりにより、その年、ユネスコの「国際フェアプレー賞」を受賞したのでした。

この試合、よく「ラシュワンは、負傷している山下の右足をいっさい攻めなかった」と言われますが、試合の映像を見ると、ラシュワンさんは、前述のように普通に投げ技を仕掛けています。

そのことについて、山下さんはこう言っています。

「(ラシュワン選手が)怪我した右足を気遣って、まったく右の技をかけなかったというのは事実ではない。(しかし)**相手の弱い所に、自分の強い所をぶつけてこそ本当の勝負師**。自分も、得意技が、相手が痛めたところを攻めるような技であれば、遠慮なくそこを攻める」

自分がラシュワンさんの立場でも、遠慮なく、自分の得意技を仕掛けただろうと……。そして、こうも言っているのです。

「怪我したところを狙うのは立派な戦略である」

「正々堂々と戦う」という言葉がありますが、このときのラシュワンさんは、まさに正々堂々と、尊敬する柔道家、山下さんに果敢《かかん》に技を仕掛けました。

それは、山下さんを恐れて及び腰で試合を進める選手が多いなか、**これ以上ないほど堂々とした試合ぶり**だったと言えます。

山下さんは、インタビューでこんなことも言っています。

「**どのような戦い方を展開しようとするのかは、その人がどういう人生を生きようとしているのかにつながる部分があるんじゃないかなと私は思うんです**」

相手の弱点をつくことは、勝負の世界では卑怯でもなんでもないこと。

しかし、ルールに反する行為は、フェアプレーに反する卑劣なもの。

株でのインサイダー取引や、テストでカンニングをするようなものですね。

そんなことをして「勝ち」を手に入れても、自分のためにはなりません。自分の品格をおとしめて、心が卑《いや》しくなるだけです。

正々堂々と勝ってこそ、それは尊い勝利になる。

その勝利は、生きていく上で、自信にもなるのではないでしょうか。

引退後、ラシュワンさんは柔道の国際審判員を務め、エジプト柔道連盟のゼネラル・アドバイザーにも就任しました。また、2019年には、「柔道の普及活動と、日本とエジプトの架け橋としての役割」が評価され、日本から「旭日単光章」が贈られています。

そして、「人生の友」と呼ぶ山下さん（現日本オリンピック委員会〈JOC〉会長）との関係は、現在も続いているのです。

ラシュワンさんの言葉です。

「フェアプレーはスポーツのすべて。私はそれを日本から学んだ。今後もずっと山下氏との友情が続けばいいと思っている」

オリンピックの決勝という場面で、正々堂々とした「かけひき」を繰り広げた2人は、尊敬と友情でつながり続けているのです。

Story

19

神わざも、「積み重ね」の賜物《たまもの》

Word 49

1日1日の積み重ねが
大きな結果を生み出すものになると思います。
すぐできることよりも
時間をかけてできることのほうが、
本質的な強さだと思うんです。

清水希容《しみずきよう》
（空手選手）

次の東京オリンピックで、新種目として採用された競技の1つに「空手」がありま
す。

この「空手」の起源については、明確な文献が残されていないため、諸説あるので
すが、ごく大まかに言うと、「中国から、琉球《りゅうきゅう》王国時代の沖縄に伝わった武術が、独
自の進化をして誕生したもの」という説が有力。そのため、流派によっては「空手」
ではなく「唐手」という字を使います。

ただ、諸説あっても、「沖縄が発祥」という点は変わらず、したがって「空手」は
日本古来の武道ということができます。

この「空手」の競技は大きく、「組み手」と「形《かた》」（流派によっては「型」の字を使
う）の2種類。「組み手」は、選手同士が試合をするもの。「形」は1人ずつ演技を
し、そのキレや美しさなどを競うものです。

調べてみると、この「形」は、次のように説明されていました。

『形』とは、厳しい練習によって鍛《きた》えられた身体をもって、仮設された外敵より自
分を守るために想定された攻防を、一定の演武線上で行なう自己防御の姿勢」

さらに、こんな記述も。

「『形』は技術面ばかりでなく身体の鍛錬や内面的な精神の統一を図ることを目的としている。したがって、**『形』とは『空手道を学ぶ者の己の表現』である**」

実際の試合の対戦では、道着を着た選手が畳の上で、受け、突き、蹴りなどの演技をします。それを5名の審判員が旗による判定を行ない、より多くの旗を獲得した選手のほうが勝者となるのです。

ちなみに、この「形」では、たとえ国際試合であっても、「ナイファンチ」「バッサイ」「クーサンクー」など、沖縄の方言（ウチナーグチ）が使用されています。

この「形」の世界で、ぶっちぎりの強さを誇っているのが、喜友名諒《きゆなりょう》さんと、清水希容さんです。

喜友名さんは、全日本空手道選手権大会「形男子」で、2012年から2019年まで8連覇中。清水さんは、同大会「形女子」で、2013年から2019年まで7連覇中という強さ。

もちろん、2人は、世界空手道選手権大会でも複数回の優勝を果たしています。

2人とも、その演技する姿は、力強く、繊細で、美しい。

見ていると、「あなたたちなら、『かめはめ波』を打てる！」と、真剣に思ってしまいます（見たことがない方は、ぜひ、検索してみてください！）。

さて、152ページの言葉は、清水希容さんのもの。

清水さんには、「**1年1年を無駄にできない。世界の舞台で楽しく形を打てるように、心・技・体を磨いていきたい**」との言葉もあり、その力強い演技が、日々の鍛錬の賜物だということが伝わってきます。

どんな世界でもそうですが、**精密機械のような匠《たくみ》の技も、1日1日の積み上げがあって、はじめてできるようになっている**のですね。

空手は、今や「KARATE」として世界の約200か国に競技者がいる世界的な競技。日本のエースである2人の活躍が楽しみです。

Story

20

「つなげなかった襷《たすき》」の教え

箱根はごまかしが効かない。

杉《すぎ》崎《さき》 孝《たかし》

（元箱根駅伝走者）

Word 50

お正月は、コタツに入りながら箱根駅伝と、そんな方も多いと思います。

駅伝で、選手から選手へとつなぐのは、いうまでもなく襷ですよね。

あの襷を次走者へつなげないというのは、選手にとってはとても無念なこと。できることなら這《は》ってでも手渡したい。

事実、２０１８年に福岡で行なわれた実業団女子駅伝の予選会では、他の選手と足がからまって転倒し、右足のすねを骨折してしまった選手が、最後の２００メートルを這って移動して次の選手に襷を渡すという場面がありました。

転倒した選手は両ひざがすりむけて出血する痛々しい姿。大会本部でテレビ中継を見ていた監督はすぐに棄権を申し入れたのですが、現場にうまく伝わらず、審判も止めかねているうちに、選手が中継所に達してしまったのだとか。

駅伝走者たちの襷をつなぐことにかける強い思いが伝わってくる話です。

東京大手町と箱根の往復217・1キロを、20校と「学連選抜」の計21チームがタイムを競う箱根駅伝。

中継を見ていて、もっとも辛いのは、あと少しのところで、次のランナーに母校の襷を渡せなかった選手が泣き崩れる場面だと思います。

ルールでは、トップの走者が中継所を通過してから一定時間が経過すると、すべてのチームは、母校の襷ではなく、黄色と白色のストライプの襷をつけて「繰り上げスタート」を切らされてしまいます（ただし、5区と10区のみ、母校の予備の襷を使用）。

この繰り上げスタートは、「ピッ」という笛の合図で一斉にスタートしなくてはならないので、たとえ、前の走者がすぐ目の前まで迫っていても、襷は受け取れません。

実際に、わずか数メートル手前まで前の走者が来ていたのに、笛の合図で次の走者がスタートしてしまうという、厳しい場面を見たことがあります。

このとき、襷を渡せなかった選手は、中継所で、襷を握りしめたまま倒れ込んで号泣。多くの観客のもらい泣きをさそっていました。

母校の襷がつなげないことは、箱根を走るアスリートにとっては、これ以上ないほどの無念なのですね。

2020年。

第96回箱根駅伝で、2年ぶり5回目の総合優勝（往路、復路の合計タイムのトップ）を果たしたのは、原晋《はらすすむ》監督が率いる青山学院大学でした。

今でこそ、優勝の常連チームとなった、この青山学院大学ですが、実は、長い長い暗黒の時代があったのをご存じでしょうか。

暗黒時代の始まり。

それは、今から40年以上も前の第52回大会でのこと。

アンカーである第10区のランナー、4年生の杉崎孝さんが、ゴールまであとわずか150メートルというところで、脱水症状によって倒れ、そのまま救急車で運ばれて棄権になってしまったのです。

倒れる直前、右によろよろ、左によろよろと、走るどころか歩くのもおぼつかない状態の杉崎さん。

すでに意識はもうろうとしていて、気力だけで歩みを続けています。

すぐそばには監督がいて、「よく頑張った、もういい」と声をかけています。

それでも歩みを止めない杉崎さん。

そして、とうとう、これ以上は危険だと判断した監督が肩に手をかけ、その瞬間、杉崎さんは意識を失ったのです。

その場所は、あと、たった1つ、曲がり角を曲がれば、ゴールが見えるという地点でした。

1年生からレギュラー選手だった杉崎さんが箱根を走るのは、このときが4度目。

しかし、4年生のその年は、就職活動のために十分な走り込みができず、加えて、当日は風邪気味だったそうです。

しかも、当時はコースに給水所もなかった時代。杉崎さんは、途中から「数10メートル先の電柱」1本1本を目標にして、気力だけで走っていたといいます。

襷を受けとったときには、シード権がもらえる順位（10位以内は予選免除になる）だったのに、自分のせいでチームを棄権させてしまった。

杉崎さんにとって、さらに不幸だったのは、その年以降、青山学院大学は箱根駅伝への参加権をなかなか得ることができない暗黒時代に突入してしまったことでした。

チームが、ようやく、箱根駅伝への切符をつかんだのは、実に33年後！

2008年の予選会でのこと。

自分のためにチームが棄権して以来、毎年、隠れるようにして予選に参加する母校の応援を続けてきた杉崎さんは、やっと呪縛《じゅばく》から解放されたのです。
この大会後、杉崎さんは、こんなことを言っています。

「33年越しで箱根駅伝を終えることができた。学生たちに感謝したい」

杉原さんは、33年間、襷をつなぐことができなかった無念をずっと持ち続けていたのです。その間、心のなかでは、襷をかけたまま、たった独りで、箱根を走り続けていたのかもしれません。
156ページの言葉は、そんな杉崎さんが、後輩たちに贈った言葉です。

「箱根はごまかしが効かない。自分の力を出せるように、体調を万全に整えてスタートラインに立ってほしい」

体調が万全ではない状態で箱根の当日を迎えてしまったために、33年間も後悔し続けた杉崎さんの、「2度と自分のような思いをする選手を出したくない」という思いが伝わってくる言葉です。

重要な場面で、最高のパフォーマンスを演じるには、当日の体調が大きくものを言います。

杉崎さんの33年間の呪縛は、「コンディションを保つことの大切さ」を、痛いほど教えてくれるエピソードではないでしょうか。

Word
51

「監督から『ああしろ、こうしろ』と言われてやっても意味がない。自分たちで自発的に目標を定めて『やる!』と言わないと、モチベーションにつながらない」

原晋　元陸上選手・現陸上指導者

電力会社を退社し、退路を断って青山学院大学の監督に就任した原監督。就任5年目に、箱根駅伝への出場を実現させました。青山学院大学の黄金時代を作りあげた原監督の指導方法は、選手自身のヤル気を引き出すこと。箱根を走る5区を任せる選手に対して、「国民的ヒーローになれるぞ!」と言ってハッパをかけたこともあるそうです。

Story

21

「史上最強の助《すけ》っ人《と》外国人」の秘密

やっぱり頭を使うことだよ。

ランディ・バース

（元プロ野球選手）

Word 52

「彼（＝敵）を知り己を知れば、百戦して殆《あや》うからず」

中国の兵法書、『孫子』に出てくる、有名な言葉ですね。

『孫子』ではさらに、戦場における「地の利」も重要だと説いています。

この言葉を図らずも実践し、「日本プロ野球史上最強の助っ人外国人」となったのがランディ・バースさんでした。

バースさんは、１９８３年から6年間、阪神タイガースに所属。その間に、三冠王2回、当時の日本記録、王貞治さんの55本に次ぐ1シーズン54本塁打（現在の記録はバレンティンさんの60本）。いまだに日本記録であるシーズン最高打率3割8分9厘。王さんとタイ記録の7試合連続ホームラン、日本シリーズで3試合連続ホームランとＭＶＰ獲得（阪神タイガースの選手で唯一）など、記録にも記憶にも残る活躍をしました。

阪神が日本一になった１９８５年に、ジャイアンツの槙原寛己《まきはらひろみ》投手からの、バースさん、掛布雅之《かけふまさゆき》さん、岡田彰布《おかだあきのぶ》さんの3者連続バックスクリーンへのホームランは、もはや伝説ですよね。

日本でこれほどの成績を残したバースさんでしたが、日本に来る前の**メジャーリーグ時代は、5球団を渡り歩き、打ったホームランはたったの9本**でした。

「ニューヨークからロサンゼルスまで飛ばす男」と呼ばれ、長打力は評価されていましたが、子どもの頃に足を複雑骨折した影響で全力疾走ができず、また、速球に弱いという弱点もあって、パッとした成績を残していなかったのです。

来日し、阪神タイガースに入団後も、そのスタートは散々でした。

オープン戦で左手首にデッドボールを受けて、開幕は二軍スタート。

一軍に上がってからも、4月中はノーヒット。やっと初ヒットを打ったのは5月に入ってからというのですから、のちの活躍からは考えられないひどさです。

来日当初は、日米のストライクゾーンの違いに戸惑い、外角の落ちるボールはことごとく空振り……。

そんなバースさんはどうして、「史上最強の助っ人外国人」になれたのでしょう?

引退後のインタビューで、「日本のピッチャーをいかにして攻略したのか?」と質問されたバースさんはこう回答しています。

「みんな真っ向からは勝負してこないから、外角の球を踏み込んで流し打ちができないとダメだと思っていた。あともう1つは、やっぱり頭を使うことだよ」

そうです、バースさんは見かけによらず（失礼！）、**頭で勝負していた**のです！

まず、やったのは「**敵を知ること**」。

バースさんは、**ほとんどの主力投手の持ち球と球筋、配球を覚えていた**そうです。

つまり、対戦するたびに、一人ひとり、相手投手のボールの特徴を記憶していき、前の打席で自分がどんな配球をされたかを覚えるようにしたのです。

これによって、**「次にどんな球種がくるか」の予想ができるようになり、打率がアップ**しました。

次は「**己を知ること**」。

バースさんは、前述のように速い球が苦手でした。

事実、日本でも江川卓《えがわすぐる》さんや津田恒実《つだつねみ》さんのように速球でグイグイくる投手には苦戦しています。だからこそ、「次は直球がくる」と、配球を読むことが生命線だったのです。

さらに、ツーストライクを取られると、バットを短く持ってミートに徹するという、外国人の助っ人があまりやらないこともやりました。

「己を知り」、**自分の弱点を受け入れて、それを積極的にカバーした**のです。

そして、3つ目は「**地の利を活かす**」。

タイガースの本拠地である甲子園球場の「地の利」を活かしたのです。

それは、発言のなかにもあった、「流し打ち」。

甲子園球場は、レフトに向かって「浜風《はまかぜ》」が吹く球場です。

左バッターのバースさんが流し打ちでレフトにフライを打てば、その「浜風」がボールをスタンドまで運んでくれる。

その「地の利」を知ったバースさんは、当時、ミスタータイガースと呼ばれた4番打者、掛布さんから流し打ちを伝授してもらったのです。

これによって、ライトへ引っ張るだけでなく、バットを短く持って軽く流し打ちをするだけでも、レフトにホームランを量産できるようになったのです。

「敵を知り、己を知り、地の利を知る史上最強の助っ人外国人バッター」はこうして完成したのでした。

そんな「最強の助っ人」は、1988年に、息子さんが難病（水頭症）になったことからシーズン途中で帰国し、残念ながらタイガースを去りました。

帰国後はそのまま野球を引退し、農場経営をしながら、市議会議員や上院議員を歴任。やはり、頭のキレる方だったのですね。

もし、バースさんが、「敵を知り、己を知り、地の利を知る」を実行していなければ、もしかしたら、日本のピッチャーの変化球に翻弄《ほんろう》されて、1年で解雇されていたかもしれません。

同じ努力をしていても、漫然と努力するのと、頭を使うのとでは、効果が格段に違うというのは、何をするときでも、心したいことです。

蛇足ですが、バースさんの本名は、「バース」ではなく「バス」と発音します。

それなのに、なぜ、「バース」という名が登録名になったかというと……。

実は、タイガースの親会社が阪神電鉄だったのがその理由。

この阪神電鉄、鉄道だけでなく、阪神バスも直営しています。

それなのに、もし、助っ人外国人の名前が「バス」だと、どうなるか。

ケガをしたときはスポーツ新聞に、「阪神バス、故障」なんて書かれかねません。

スランプなら、「阪神バス、大ブレーキ」です。

好調なら好調で、「阪神バス、大爆発」。

これは、さすがにマズイのではないか、ということで、登録名を「バース」にしたのだとか。ちょっと笑える話です。

Word 53

「頭を使え、正しい努力をしろ」

野村克也　元プロ野球選手・監督

正しくない努力は、苦労だけ多くて非効率的です。

Word 54

「本番のゲームでしか体験できないことがある。そして、それを体験することが自分をより高めることになるんです」

錦織圭《にしこりけい》　プロテニス選手

錦織さんは試合について、「どんなに激しい練習をしても、あの張りつめた気持ちや負けたくないという闘志を全身で感じることはできません」とも言っています。

Word 55

「基本練習はやらないとダメなんですけど、応用っていうのは、試合でしかできない。試合でしか試せないんです」

石川佳純《いしかわかすみ》　卓球選手

彼女が、福原愛さん、平野早矢香《ひらのさやか》さんとともに獲得した2012年ロンドンの「女子団体」の銀は、日本卓球界初のオリンピックメダルでした。彼女は、実戦という、最高にプレッシャーがかかり、テンションが上がる場で、自分を成長させてきたのですね。

Story

22

壁を越える男たち

9秒台出してやっと世界のスタートラインに立てたのかなと思っています。

Word 56

桐生《きりゅう》祥秀《よしひで》
（プロ陸上選手）

一番速く走れるヤツは誰なのか？

陸上競技の花形競技。１００メートル走の発想は極めて単純です。

この１００メートル走の世界には、長年にわたって、誰も越えられない高い壁がそびえていました。

それは、「10秒の壁」と呼ばれる壁。

この高き壁は、ずっと、人類の登頂を拒《こば》み続け、「人類が１００メートルを10秒以内で走ることは不可能」と、真剣に言われたこともありました。

そんななか、１９６０年に、旧西ドイツのアルミン・ハリーさんが人類初の10秒０を記録します。ここにきて、人類は「１００メートル10秒の壁」を越えるのは、夢ではないところまで到達します。

しかし、あと0・1秒がどうしても縮まらない。

ハリーさんの記録のあと、この0・1秒を縮めるまで、実に8年という月日を要したのです。

1968年のメキシコシティーオリンピックは、人類の歴史において、記念すべき大会になりました。

100メートル走の決勝で、アメリカのジム・ハインズさんが9秒95を記録して優勝したのです。

実は、同じ年の全米選手権でも、ハインズさんは9秒9を記録していたのですが、これは手動計時による記録（電動計時では10秒03だった）。

それが、このオリンピックにおいて、初めて電動計時によって9秒95が記録され、正式なタイムとして認定されたのです。

このとき、**ついに人類は「10秒の壁」を越えた**のでした。

この後、2人目の9秒台が出たのは、実に9年後（1977年シルビオ・レオナルドさん9秒98）のこと。

しかし、ハインズさんの記録も、この2人目の記録も、ともに空気抵抗が少ない高地でのものでした。

人類が、初めて平地で「10秒の壁」を越えたのは、1983年のこと。

この年の5月にアメリカのカリフォルニア州で行なわれた競技会で、9秒97が記録されたのです。

初めて平地で「10秒の壁」を越えた選手の名は、カール・ルイス！

そう、あのカール・ルイスさんです。

「平地でも、『10秒の壁』は越えられる！」

このとき、また、陸上競技の歴史が変わったのです。


壁というのは、誰かが越えると急に越える人が次々と現れることがあります。

同じ年の7月には、アメリカのカルヴィン・スミスさんが9秒93を記録し、ジム・ハインズさんの世界記録を15年ぶりに更新。

やがて、90年代に入ると、科学的なトレーニングやシューズの改良などもあり、100メートルの記録は頻繁に塗り替えられるようになります。

現在、100メートルの世界記録は、2009年のベルリン世界陸上でジャマイカのウサイン・ボルトさんがたたき出した9秒58。

この記録を破る選手は、いまだに現れていません。

さて。

そんな「10秒の壁」を越えた日本人が、これまでに3人います。

そもそも、ほんの少し前まで、100メートル走の日本記録は、1998年に伊東《いとう》浩司《こうじ》さんが出した10秒00。このタイムが19年間破られませんでした。

その記録を破ったのが、2016年リオデジャネイロオリンピック400メートルリレー銀メダリストでもある桐生祥秀さんです。

リオの翌年、2017年の日本学生陸上競技対校選手権大会で、9秒98という日本記録を出したのです。

その2年後。2019年5月には、ガーナ人の父と日本人の母をもつ、サニブラウンさんが9秒97で記録を更新。さらに、7月には小池祐貴《こいけゆうき》さんが歴代2位タイの9秒98を記録し、ここにきて、日本でも「10秒の壁」を破る選手が続出しているのです。


黒人選手が圧倒的な強さを見せる100メートル走。

金メダルをかけて、オリンピックの舞台でファイナリストとして走るのは、日本の陸上界にとっては悲願の1つ。

実は、日本人がオリンピックの100メートル走の決勝の舞台に立ったのは、1932年の第10回ロサンゼルスオリンピックに出場し、決勝で6位入賞を果たした「暁の超特急」こと吉岡隆徳さんただ1人なのです。

「10秒の壁」を越えられるようになった日本人アスリートたち。

「暁の超特急」と同じ舞台に立つ日が少しずつ近づいています。

壁は越えるためにある。

そして、壁を越えた先には、新しい世界が広がっているのです。

Word 57

「まだ限界じゃない。どこまでいけるかわからないけど、自分の限界に挑戦したい」

内村航平《うちむらこうへい》　プロ体操選手

北京、ロンドン、リオデジャネイロと、オリンピック3大会に出場し、7つのメダル（金3、銀4）を獲得。世界体操競技選手権でも、19個のメダル（金10、銀5、銅4）を獲得している体操界のレジェンド。限界に挑戦し続ける精神がこの結果の源です。

Word 58

「真剣だからこそ、ぶつかる壁がある」

松岡修造《まつおかしゅうぞう》　元プロテニス選手

ちゃらんぽらんにやっている人には、越えるべき壁すら現れません。松岡さんには、「100回叩くと壊れる壁があったとする。でもみんな何回叩けば壊れるかわからないから、99回まで来ていても途中で諦めてしまう」「君が次に叩く1回で、壁は打ち破れるかもしれないんだ!」という名言もあります。

Word

59

「どんだけブサイクな走りでも、どんだけダサかろうとも、僕は100メートルを1番でゴールしたい」

桐生祥秀　プロ陸上選手

この負けん気が、桐生さんに「10秒の壁」を越えさせたのかもしれませんね。

Word

60

「いい結果を出しても、気を抜いたら終わり」

サニブラウン・アブデル・ハキーム　プロ陸上選手

少し油断していた自分を戒《いまし》めた言葉です。実力があっても油断に足をすくわれます。

Word

61

「大事なことは、トップスピードに乗ったらフォームを保ち、スピードを維持することだ」

ウサイン・ボルト　元プロ陸上選手

ボルトさんが某テレビ番組のなかで桐生さんに送ったアドバイスです。こんな言葉が続きます。「速く走ることばかり考えて、逆に遅くなる選手はたくさんいる。速く走ろうなんて考えるな」……深い言葉です。

第 3 章

アスリートたちの
「胸が熱くなる話」

Story
23

タイミングとチャンスを逃がさない

エスカレーターを選ぶ者は
マラソン選手に
なれないと思う。

Word
62

瀬古利彦《せことしひこ》
（元マラソン選手）

あってはならないことですが、政治がスポーツの世界に影を落とすことがあります。

1980年のモスクワオリンピックのボイコットもその1つ。出場すれば金メダル確実と言われたレスリングの高田裕司《たかだゆうじ》さん、柔道の山下泰裕さんら178人のアスリートたちがJOCの「オリンピック不参加」という決定に涙を飲んだのです。

当時、「世界に敵なし」とまで言われたマラソン選手、瀬古利彦さんもその1人でした。高田さんは4年前のモントリオールで、山下さんは4年後のロサンゼルスで金メダルを取っていますが、絶頂期を逃した瀬古さんは、結局、オリンピックでメダルを取ることができずに選手生命を終えることになってしまいました。

将来の夢はプロ野球選手だったという瀬古さんは、自主練と称して、小学生のときは往復3キロ、中学生のときは往復5キロを毎日走って通学していました。

中学で野球部のピッチャーをしていた瀬古さん。陸上に目覚めたのは、校内の5キロ走で優勝したことから、陸上部の顧問に頼まれて市の陸上大会に出たのがきっかけ。助っ人で出ただけだったのに2000メートルで優勝、続く県大会では、なんと当時の三重県新記録で優勝してしまったのです。

陸上の名門である四日市工業高校に進学後は、インターハイや国体の中距離走で計8回も優勝。華々しい成績を引っさげて、早稲田大学へ。ここで、恩師となる中村《なかむら》清《きよし》監督と出会い、「必ず私が世界一にしてやる」という言葉とともに、マラソンへの転向を勧められたのでした。

世界を目指す英才教育のなかで、中村監督は、瀬古さんにこんな言葉を贈ったそうです。

「努力する天才になりなさい」

瀬古さんは、この言葉のとおり、努力を続け、福岡国際マラソン連覇やボストンマラソン2位などの実績により、1980年、文句なしでモスクワオリンピックの代表に選出されたのです。

しかし、このオリンピックは前述のように日本は出場をボイコット。

この当時の瀬古さんは絶頂期でした。

事実、モスクワオリンピックの4カ月後の福岡国際マラソンでは、モスクワの金メダリスト、チェルピンスキーに勝って同大会での3連覇を果たしているのです。

その後、足をひねって2年近くレースから遠ざかったものの、復帰戦となった東京国際マラソンで優勝。続く福岡国際マラソンでも優勝し、ついに、ロサンゼルスオリンピックの代表選手に選出されました。

しかし、日増しに高まる、世間の金メダルへの期待が大きなプレッシャーになりました。加えて、恩師、中村監督が女子マラソン選手へ同行していたため、最終調整を自分で行なわなければならなくなったのが命取りに……。

瀬古さんは、不安から自己判断で練習量を増やしてしまい、本番のレースの2週間前には大量の血尿が出るという、過労状態になってしまったのです。

最悪の体調で臨んだ初めてのオリンピックは、金メダルどころか、14位という惨敗に終わりました。

オリンピック後、中村監督が事故で急死するという悲劇にみまわれた瀬古さん。それでも、新妻の励ましを受けて、ソウルオリンピックへ向けて国際大会での優勝を重ねていきました。

しかし、当時のライバル、中山竹通《なかやまたけゆき》さんとの直接対決であり、オリンピックの選考会も兼ねていた福岡国際マラソンのわずか3週間前。調整がてらに出場した駅伝で足首を骨折してしまいます。その怪我は、レースのゴール後、普段はやらないのに、中山さんのタイムを意識し、ゴールタイムを計ろうとストップウォッチのボタンを押そうとしたのが原因だったのですから、つくづく不運。

泣く泣く福岡国際マラソンを棄権し、最後のチャンス、びわ湖毎日マラソンに優勝して、なんとかソウルオリンピックの出場枠に入ったのです。

しかし、今度は、その優勝タイムが平凡だったために、脅迫電話や練習中に罵声《ばせい》を浴びせられるなど、世間からのバッシングを受けてしまいます。

初めて選ばれたオリンピックはボイコット。2度目は、過剰な金メダルフィーバー。そして、3度目はバッシング……。瀬古さんほど、世間に翻弄《ほんろう》されたオリンピック人生を歩んだアスリートは珍しいかもしれません。

結局、マラソン選手としてのピークを過ぎていた瀬古さんは、ソウルオリンピックでは9位に終わりました。生涯に、国際大会で10回の優勝を果たした「努力する天才ランナー」は、ついに、オリンピックの女神に微笑まれることなく引退したのです。

ソウルから帰国した瀬古さん。帰宅すると、幼い息子さんが手作りの金メダルを首にかけてくれたそうです。

それは、**瀬古さんにとって、それまでに勝ってきた、どの国際大会のメダルよりも嬉しいメダル**だったといいます。

人生において、タイミングよくチャンスがめぐってきたときは、迷わずに受け止めてください。

絶頂期に、チャンスを奪われ、歯車が狂ってしまった瀬古さんの人生は、「**チャンスは与えられるだけで幸運なのだ**」と教えてくれているような気がします。

Word
63

「もう1回この場所に戻って来られるとは思ってなかったので、もう1回この舞台に立てたことと一番高い所に登れることに、本当にみなさんに感謝しています」

北島康介《きたじまこうすけ》　元プロ競泳選手

アテネオリンピックの100、200メートル平泳ぎで金メダルを取った4年後。北京オリンピックでも100、200メートル平泳ぎで金メダルを獲得したときの言葉。世界記録を連発し、圧倒的な強さを誇った北島さんでも、実はプレッシャーと戦っていたということがわかる言葉です。

Word
64

「悪いこともいいことも、プレッシャーも緊張も、すべての感情が五輪で人生最高を更新した」

吉田知那美《よしだちなみ》　女子カーリング選手

2018年平昌オリンピック銅メダリスト。オリンピックはそういう場なのですね。

Word 65

「最後は気持ちが強い人間が勝ちを取ることができるんだなって、つくづく実感しました」

上野由岐子《うえのゆきこ》　女子ソフトボール選手

2008年北京オリンピックの女子ソフトボール。エースとして準決勝、3位決定戦、決勝と2日間で3試合、413球を投げ抜いて日本に金メダルをもたらした上野さんの言葉。オリンピックという場が、体力だけでなく、いかにメンタル勝負の場なのかがわかります。

Word 66

「1つ目のジャンプを失敗した時点で、笑えてきました」

宇野昌磨《うのしょうま》　フィギュアスケート選手

平昌オリンピック。完璧に滑れば金メダルかも！　というフリーの演技で、最初のジャンプを失敗したときの感想。このリラックスぶりで、その後の演技を立て直すことに成功し銀メダル。オリンピックはプレッシャーに勝てる人だけがメダルを取れる場所なのかもしれません。

Story

24

圧倒的な準備が、
圧倒的な自信になる

すごく楽しい42キロでした。

高《たか》橋《はし》尚《なお》子《こ》
(元女子マラソン選手)

Word 67

「金メダルも世界記録もすごいと思いません。それより目標を達成した喜びが大きいです」

この言葉を、もし、金メダルを取っていない選手、あるいは、世界記録を出したことがない選手が口にしたら、ただの負け惜しみにしか聞こえないでしょう。

この言葉は、金メダルを手にし、世界最高記録を樹立した「Qちゃん」こと高橋尚子さんのものだからこそ、重みがあるのです。

男子マラソンで過去最強の日本人ランナーが瀬古さんだとするなら、女子マラソンの日本人最強ランナーは、高橋さんだったのかもしれません。

現役時代の高橋さんを支えたものは、「圧倒的な練習量」でした。

1日も手を抜かず、「これ以上はできない」というほど練習する毎日を送っているから、試合の当日は、それが自信になっている。

次の言葉が、練習量と、それによる自信を証明しています。

「すべての1日が、精一杯頑張ったという1年にしたい」

「私はすべての大会において、結果がどうなろうとも、スタートラインに立ったときは『やるべきことはすべてやった』という気持ちでした。なぜそういう気持ちになれるかというと、それまでの1日1日がすべて、『きょうはすべてやりきった、もう走れない』『ありがとう。明日もまた一緒に頑張ろう』と抱き合って終わる毎日を過ごしてきたからです」

学生時代に目ぼしい活躍がなかった高橋さんがマラソン選手として注目されたのは、すでに社会人になっていた1998年、バンコクアジア大会でした。気温32度という過酷なレース環境にもかかわらず、彼女は2時間21分47秒という当時のアジア最高記録で圧勝したのです。

シドニーオリンピックを2年後にひかえたこのタイミングでの圧勝。オリンピック出場は、彼女にとっては約束されたようなものでした。

しかし、オリンピックの女神は、なぜかいつも、強い選手ほど、厳しい試練を与えます。

オリンピックの前年の1999年。その代表選手選考を兼ねた、「世界陸上」の直前に、彼女は怪我をしてしまうのです。

「世界陸上」を欠場した彼女は、シドニーオリンピックへの出場権を得るためのレースを、翌年3月の「名古屋国際女子マラソン」一本に絞りました。

それなのに……。今度は大会のわずか1カ月前に腹痛で入院！


走りたいのに走れない日々。

そんなとき、彼女の支えになったのは、高校時代の恩師から贈られたという次の言葉でした。

「何も咲かない寒い日は、下へ下へと根をのばせ。やがて大きな花が咲く」

大会1カ月前の入院という最悪の事態になっても、彼女は決して諦めず、毎日、地道な調整を続けたのです。


迎えた「名古屋国際女子マラソン」の当日。

体調は決して万全ではありませんでした。

しかし、オリンピックの出場権を得るためには、優勝が最低条件。

そんなプレッシャーのかかるレースで……。

彼女は見事に優勝を果たすのです。

優勝インタビューで、彼女はこう言っています。

「今日がくるまでは、1日1日を大切に自分ができることをやろうと思ってやってきたので、自分との戦いと思ってここまできました」

彼女にとっては、日々、極限まで練習する自分との戦いが、マラソン選手としての生命線だったのですね。

常に向き合っているのは自分。

自分の、自分による、自分のための「苦しい練習」との戦い。


シドニーオリンピック出場を決めたあと、小出監督とともに、アメリカ、コロラド州ボルダーでの標高3500メートルという高地で行なった過酷なトレーニングはあまりにも有名です。

高山病になってもおかしくない場所で、1日40キロは当たり前、多いときには80キロを走り抜きました。

シドニーオリンピックのコースは、当時、「オリンピック史上もっとも過酷」とまで言われていたため、その対策でしたが、「高地でのトレーニングは危険」と指摘する専門家もいて、オーバーではなく**命がけのトレーニング**だったのです。

高橋さんは、ここでも、ほかの選手を圧倒する練習量をこなしました。

そして、迎えたシドニーオリンピック。

レースは後半、ルーマニアのリディア・シモンさんとの一騎打ちに。

35キロ手前で、かけていたサングラスを投げてスパートをかけた彼女の姿は印象的でしたね。

余談ですが、実はこの場面、視界をクリアにしたくて、ずっとサングラスを外すタイミングを考えていたとき、道の反対側の歩道に父親が見えて、その父親に投げただけだったのだそうです。投げたサングラスは、中継バイクに当たってしまい、それが見えた彼女は「ああ、高いサングラスが……」って、走りながらも内心、それがショックだったのだとか。

ともあれ、サングラスを捨てたタイミングは、図らずもスパートをかけるきっかけになりました。

ペースを上げた高橋さんに、シモンさんはついていくのがやっと。

差を保ったまま、ゴールのオリンピックパークに入った高橋さんは、ゴール直前には、後ろを振り返る余裕を見せ、両手を上げて、笑顔でゴールテープを切りました。

ちなみに、ゴール後にキョロキョロしたのは、小出監督を探したため（監督はレースの最中に金メダルを確信し、このとき、すでに祝杯をあげていたそうで……おいおい）。

高橋さんは、走り終えた直後の優勝インタビューでもずっと笑顔でした。

そして、そのインタビューは、過酷だったレースの直後とは思えない、こんな言葉で締めくくられたのです。


「皆さんの声援のおかげで、本当に背中を押されてゴールまで辿り着きました。すごく楽しい42キロでした。どうもありがとうございました！」


圧倒的な練習が、圧倒的な自信になる！

これは、どんな世界においても同じでしょう。

日々、積み上げられたモノが、自信と実力の支えになります。

私の知人には、重要なプレゼンテーションの前に、100回練習するという人がいます。

「自信がない」という人は、単に準備が足りないだけ。

圧倒的な準備は、テッパンの自信と余裕をもたらしてくれるのです。

最後に、もう1つ、高橋尚子さんの名言。

「長い階段を一気に上がろうとすると、途中でへばってしまう。でも一段ずつ確実に上がっていけば、時間はかかっても頂上まで上がることができる」

Word 68

「走った距離は裏切らない」

野口《のぐち》みずき　元女子マラソン選手

練習量は「自信」になる！　東大出身の私の知人は「勉強した時間は裏切らないから」と言っていました。

Word 69

「敵と戦う時間は短い。自分との戦いこそが明暗を分ける」

王貞治　元プロ野球選手・監督

通算ホームラン数は世界記録の868本。私はそのうちの1本を、球場で見たことがあります。打った瞬間にホームランだとわかる弾丸ライナー。ほかの選手のホームランとは異次元のものを感じたのを覚えています。

Word 70

「誰も僕たちが勝つと思っていない。

「接戦になるとさえ思っていない。でも誰も僕たちがどれだけのものを犠牲にしてきたか知らない。信じているのは僕たちだけだ」

ジェイミー・ジョセフ　元プロラグビー選手・ラグビー日本代表チームヘッドコーチ

2019年ラグビーワールドカップ。強敵アイルランド戦の前に、ジョセフヘッドコーチが選手たちに贈った俳句（?）です。この言葉のとおり、日本は19対12で勝利しました。圧倒的な練習が、実力と自信に、そして、苦しいときの支えになるのですね。

Word

71

「日本ラグビーの新しい歴史をつくるためにすべてをささげてきた。本当に最高です」

福岡堅樹《ふくおかけんき》　プロラグビー選手

医学の道に進むため、ワールドカップは2019年で最後と決めていた福岡さん。スコットランド戦で2トライをあげて勝利に貢献したあとの言葉。「すべてをささげてきた」というひと言が、凄まじい練習を物語っています。

Story

25

自分への批判をバネに変える

Word 72

野次や怒号の中を
リングにあがるのは、
いい気分だ。

モハメド・アリ
（元プロボクシング選手）

1960年のある日。1人の黒人青年が故郷のケンタッキー州でレストランに入ろうとしました。しかし、黒人であることを理由に入店を拒否されます。

彼は、ローマオリンピックで獲得したばかりの金メダルを見せて、「オレは金メダリストなんだ」と訴えますが、「ここは白人専用の店だ、黒人の来るところではない」と店主。

レストランからの帰り道。青年は、怒りと絶望から、通りかかったオハイオ川に金メダルを投げ捨てました。

この青年の名は、カシアス・クレイ。のちにボクシング世界ヘビー級チャンピオンになるモハメド・アリです。

アリさんの自伝に出てくる、この有名な話は、実はアリさんの創作で、金メダルは単に紛失しただけだというのが真相のようです。しかし、アリさんがこのとき、金メダルに対する価値を見失ってしまったのは、ゆるぎない事実でしょう。

レストランでの屈辱から4年後。1964年に、彼はソニー・リストンに勝ち、WBA・WBC統一世界ヘビー級王座を獲得します。

そして、これを機に、本名をモハメド・アリというイスラム名に改名するのです。

アフリカ系アメリカ人の人権差別解消を訴える組織に入信していた彼は、「**カシアス・クレイは奴隷としての名である**」として、名前を変えたのです。

現役時代のアリさんは、ビッグマウスで知られました。

試合前のインタビューでは、相手を馬鹿にしたようなコメントを連発。

当然、アンチファンも多くなり、リングに上がると野次を浴びせられることもありました。しかし、アリさんはそんな**罵声までも自分のパワーに変えていた**のかもしれません。

ファイティングスタイルは「**蝶のように舞い、蜂のように刺す！**」と評されました（というより、自分で言っていました）。

身体が大きいヘビー級ボクサーでありながら、速いフットワークと鋭いジャブを持ち、相手のパンチに合わせたカウンターも得意。そのパンチのスピードは、現在においても、ヘビー級史上最速と言われています。

その強さで、9回もの防衛戦に勝利していたアリさんの人生を狂わせたのは、ベトナム戦争でした。

信じているイスラムの思想から、1967年に徴兵を拒否。

そのため、**無敗のまま、ヘビー級王座をはく奪**され、裁判で禁固5年と罰金1万ドルを科せられてしまったのです。

4年後、最高裁で無罪を獲得しますが、ボクサーとしての絶頂期に3年7カ月ものブランクを作らされてしまうという、国からのバッシング。

しかし、これをも、彼は自分のバネにします。

1974年。絶対王者のジョージ・フォアマンさんに勝ち、国によってはく奪されたWBA・WBC統一世界ヘビー級王座を奪回したのです。

このとき、アリさんはすでに32歳。

試合前の予想では、1968年メキシコシティーオリンピックの金メダリストで、プロでの成績は40戦40勝（37KO勝ち）、年齢もまだ25歳というフォアマンさんのほうが圧倒的に有利でした。

8ラウンド、それまで早いラウンドで相手を倒してきたフォアマンさんに疲れが見えたところでの逆転KO勝ちは、その開催地から**「キンシャサの奇跡」**と呼ばれています。

この勝利後、アリさんは10回もの防衛に成功しましたが、1981年に判定負けを喫し引退。通算成績は、世界ヘビー級王座を3度奪取。56勝5敗（37KO勝ち）でした。


引退後。アリさんには、もう1つの戦いが待っていました。

パーキンソン病を発病してしまったのです。

発病後は、公《おおやけ》の場に出る機会は減りましたが、社会へのメッセージを発し続けました。

1990年の湾岸危機では、バグダードに赴《おもむ》いてイラク大統領と直接対話し、アメリカ人の人質解放にも成功しています。

そして、1996年のアトランタオリンピック。

かつて、ローマオリンピックで金メダルを獲得したカシアス・クレイは、モハメド・アリとして再びオリンピックの場に姿を現しました。**オリンピックの聖火台に点火する、最後のランナーに選ばれた**のです。

彼が、病のために震える手で、点火用のトーチに火を点《つ》けると、会場は大きな拍手に包まれました。

もう、誰も、罵声を浴びせる人はいません。

そして、かつて金メダルの価値を見失い、「川へ投げ捨てた」と自伝に書いた彼に、ローマオリンピックの金メダルが再授与されたのでした。

いわれなき差別を受けても、どんなにバッシングされても、信念を貫いて戦い続けた男、モハメド・アリ。このときの金メダルは、そんな「**彼の人生に贈られた金メダル**」だったような気がします。

Story 26

過去の栄光にすがらない

Word 73

俺は最強だ！

国枝《くにえだ》慎吾《しんご》

（プロ車いすテニス選手）

テニスの全豪オープン、全仏オープン、全米オープンなどいわゆる4大大会で優勝20回以上……。こんなすごい経歴を持つテニスプレイヤーが日本にいることをご存じでしょうか？

史上最高のテニスプレイヤーと呼ばれることもあるロジャー・フェデラーさんは、かつて、「日本のテニス界に、世界的な選手が出てこないのはなぜだと思いますか？」と質問されたとき、こう答えたといいます。

「何を言っているんだ。日本にはクニエダがいるじゃないか！」

冒頭の輝かしい経歴を残している選手の名は、国枝慎吾さん。

フェデラーさんやジョコビッチさんといった、世界の一流テニス選手からもリスペクトされている、日本が誇る、車いすテニスのレジェンドです。

国枝さんは、もちろん、パラリンピックでも輝かしい成績を残しています。

2016年のリオデジャネイロでのダブルス銅メダルを皮切りに、ロンドン、北京、アテネと、なんと**パラリンピックの車いすテニスシングルスで前人未到の3連続金メダルを獲得**しているのです。

9歳の頃、脊髄腫瘍《せきずいしゆよう》を発病して車いすでの生活になった国枝さん。最初に夢中になったのは、バスケットボールでした。

このとき、健常者の友だちを相手に、車いすでバスケットボールを楽しむことで、「激しい車いす操作」を会得《えとく》したことが、国枝さんの武器になります。

11歳から車いすテニスを始めると、メキメキと上達。高校1年生のときの海外遠征では、「車いすテニス王国」と呼ばれるオランダの国際大会でジュニアチャンピオンに輝きました。

車いすテニスのルールは、ほぼ、健常者のテニスと変わりません。

大きく違うのは、自陣でボールをツーバウンドまでさせてもよいということ。

ところが、この国枝さん、圧倒的なスピードで車いすを操作し、ほとんどのボールをワンバウンドで返してしまう。加えて、バックハンドで返すときも、素早くボールに回り込めるため、十分にタメを作って片腕で鋭いバックスピンをかけたボールを打ち返せる。

今でこそ、スタンダードな打ち方になりましたが、以前は、車いすテニスでこんなバックスピンボールを返せたのは国枝さんだけ。

これを武器に、国枝さんは、2006年から2016年まで、ほぼ世界ランキング1位に君臨し続けたのです。

しかし。

この最大の武器は、諸刃《もろは》の剣《つるぎ》でもありました。

激しいバックスピンをかける打ち方は、右ひじに負担をかけ、いわゆる「バックハンドテニスひじ（上腕骨外側上顆炎《じょうわんこつがいそくじょうかえん》）」になってしまったのです。

このため、2012年に右ひじを手術。その年のロンドンパラリンピックではなんとか金メダルを取りましたが、2015年の秋に再発してしまいます。

翌年1月の全豪オープンでは本格的に痛み、グランドスラム初の初戦敗退。

4月には、再手術をしましたが、術後もひじに水がたまる状態が続いてしまい、シングルス4連覇がかかった2016年リオデジャネイロパラリンピックでは、準々決勝で、当時世界ランキング2位のヨアキム・ジェラールさんにストレート負けをしてしまいました。

リオから帰国後、ドクターストップにより完全休養に入った国枝さん。しかし、内心ではずっとこう思っていました。


「怪我さえなければ、若い選手たちにも負けない」


そんな国枝さんが、座右の銘にしている言葉が、**「俺は最強だ!」**なのです。

ドクターストップがかかってしまった国枝さんが、練習を再開したのは2017年の2月のこと。

このとき、大きな決断をします。

なんと、**これまで、長年培《つちか》い、輝かしい実績を残してきた自分の武器を捨てて、新しいフォームの完成に取り組むことにした**のです。

簡単に言えば、一からの出直し。

1984年生まれということを考えれば、リオのあと、過去の栄光とともに引退してもおかしくない年齢です。

しかし、自らを「最強」と自負する男には、そんな考えは、さらさら浮かびませんでした。

「会社で嫌われる上司ランキング」で、常に上位なのは、「過去の栄光をいつまでも自慢する上司」です。

「オレも若い頃は」って、酔うたびに同じ話を繰り返す。

「今の会社があるのは、俺がからんだプロジェクトが成功したから」って、会社の成功を全部、自分の功績にしてしまう。

そんな**「過去の栄光にすがり続ける人」って、すでに「終わっている人」**です。

将棋の永世棋聖、故米長邦雄《よねながくにお》さんは、コンピュータ世代の棋士が台頭してきたとき、「このままでは名人になれない」と、40代半ばにして、それまで培ってきた棋風をすべて捨てたそうです。そして、ときには後輩の棋士に教えを乞いながら、新たな棋風を作り上げ、ついに名人位を獲得したといいます。

過去の栄光にすがる、**「終わった人」にならないためには、場合によっては、それまでの「積み上げ」を、すべて捨て去る覚悟が必要**なのですね。

まるでテニスを始めたばかりの若者のように、徹底的な「打ち込み」によって新フォームの模索を続けた国枝さん。

2018年、全豪オープンで3年ぶりに優勝。続いて、全仏オープン、そして、2020年全豪オープンにも優勝し、完全復活を遂げました。

2020年に36歳になるベテランは、**「今がベスト。40歳になってもそう言えるように努力を怠らずにやっていきたい」**と力強い。

「世界最強の車いすテニスプレイヤー」の伝説は、まだまだ続きます。

Word 74

「過去の成果で未来を生きることはできない。人は一生何かを生み出し続けなければならない」

カール・ハッベル　元メジャーリーガー

カール・ハッベルさんは、往年の大投手。メジャーリーグの「オールスターゲーム」は、1人の少年が、コミッショナーに、「カール・ハッベルが投げたボールをベーブ・ルースが打つところを観たい」と投書したことがきっかけになって誕生したと言われています。

Word 75

「意志あるところに道はある」

宮里藍《みやざとあい》　元女子プロゴルファー

2003年、史上初の高校生プロゴルファーとしてデビュー。プロ入りの翌年には年間獲得賞金額が1億円を突破。2006年度からは、活動の中心をアメリカツアーにシフトし、2010年には日本人初となる世界ランキング1位に輝きました。宮里さんは、日本での活躍に満足することなく、自分の意思で「道」を作ったアスリートでした。

Story

27

誇りを持ち続けられる理由

僕は客寄せパンダで十分ですよ。

三浦知良《みうらかずよし》
（プロサッカー選手）

Word 76

サッカーのワールドカップの予選において、なんと合計で27得点を記録しているにもかかわらず、本大会への出場を果たせなかった男。

それが、「キング・カズ」こと三浦知良さんです。


「外れるのは市川《いちかわ》、カズ、三浦カズ。それから北澤《きたざわ》……」


1998年6月2日。サッカーワールドカップの日本代表チーム、岡田武史《おかだたけし》監督のこの発表は、日本サッカー界の世代交代を象徴するものでした。

スポーツの世界に、「たら・れば」はありません。しかし、本当ならば、三浦さんは、この4年前のワールドカップに、「選手として絶頂期」の状態で出場しているはずでした。もし、あの「同点ゴール」さえなければ……。

多くのサッカーファンがたぶん一生忘れることができない「ドーハの悲劇」。

それは、1993年10月28日に、カタールの首都ドーハで行なわれたワールドカップの最終予選の最終戦、対イラク戦のこと。

2対1とリードした日本は、史上初めてのワールドカップ出場に手が届くところまできていました。本当に、あとワンプレーをしのげば、日本サッカー界が夢にまで見たワールドカップ初出場が叶うというところまできていたのです。

しかし、運命のロスタイム。

センタリングされたボールをイラクの選手がヘディングシュート。放物線を描いたボールはゴールキーパー松永《まつなが》成立《しげたつ》さんの頭上を通り抜けて、ゴールに吸い込まれました。同点ゴールが決まった瞬間、ピッチに倒れ込む選手たち。勝ち越しゴールを決めてベンチに下がっていた中山《なかやま》雅史《まさし》さんは顔をおおって号泣。

三浦さんもその場に座り込みます。のちに三浦さんはこのゴールの瞬間について、

「スローモーションのように球の軌道が見えた」と言っています。

この試合のテレビ放送の視聴率は、深夜にも関わらず48・1パーセントを記録。本当にたくさんの日本人が、この悲劇の瞬間を目撃したのです。

このとき、三浦さんは、1次予選で9ゴール、最終予選で4ゴールをあげる活躍を見せていました。しかし、その活躍が実ることはありませんでした。

その悲劇から4年後。

日本はついにワールドカップ・フランス大会の本戦への切符を手に入れます。

この大会、最終予選の第1戦まではゴールを量産していた三浦さんですが、その後はゴールを決められず、一部に「カズ代表不要論」が高まります。そして、フランスでの最終合宿中に、岡田監督が代表選手から外す3名として「外れるのは市川、カズ、三浦カズ。それから北澤……」という発表をしたのです。

日本にJリーグが誕生して以来、ずっと日本のサッカー界を引っぱり続け、ワールドカップの予選でもゴールを決めまくってきたカズのまさかの落選。

本戦の直前に不調だったとはいえ、非情な決定です。

もちろん、誰よりもショックだったのは本人だったはず。

しかし、帰国した三浦さんは、記者会見で胸を張ってこう言ったのです。

「サッカーの日本代表としての誇りと魂は、向こうに置いてきたと思っている」

代表に残った選手たちに対して、「頑張ってほしい」とエールを送るその姿は、誇りに満ちていて、人間としての器の大きさを感じさせるものでした。

三浦さんは、代表選手から外れた当時を振り返って、こう言っています。

「1998年に僕が外れたときは帰国したその日から練習を始め、すぐに気持ちを切り替えた。**僕らはプロ。代表から漏れてもサッカー選手としての職を失うわけじゃない**」

まさに、プロの言葉です。

また、三浦さんは、2006年、ジーコ監督がワールドカップの日本代表23人を発表した際、代表から漏れた選手たちに、こんなメッセージを送っています。

「逆境からはい上がるのは自分の力だということ。誰も助けてくれない。それが僕らの仕事。下を向く必要はないし、自分のやってきたことに誇りを持ってほしい。これから先のサッカー人生で今までと同様に感動を得られるし、与えることだってできる」

三浦さんが代表から外されても、毅然《きぜん》としていられた理由がわかる気がする言葉です。

人生には、それまでの苦労が報われない「敗北的な瞬間」が何度かあります。

そういうときに、どう考えるか、どう反応するか、そして、どう行動するか。

そこに、その人のそれまでの**経験値と器の大きさ**が出ると思うのです。

1982年。15歳のときに、1パーセントの可能性を信じて、単身、ブラジルに渡った三浦さんは、3年経ってもサッカー選手としてなかなか芽が出ず、「日本に帰ろうか……」と悩んだ時期があったそうです。

しかし、そんなとき、リオデジャネイロの公園で、「忘れられない光景」を目撃します。

現地の貧しい少年たちがサッカーをしている。

彼らが使っているボールは古くてもうボロボロ。

そして、少年たちのなかの1人には片脚がなかった。

それでも、少年たちは、楽しそうにボールを追っている。

この光景を見た三浦青年は、こう思います。

「自分には両足も、スパイクも、いいボールもある。何を俺は贅沢なことを言っているんだ」

こうして彼は、帰国を思いとどまり、ブラジルでの下積み生活を続けました。

たぶん、このとき、三浦さんは、**思いっきりサッカーができることの幸せに気がついた**のではないでしょうか。

サンパウロ州のクラブであるサントスFCとプロ選手契約を結んだのは、その翌年のこと。やがて、1988年には同州のキンゼ・デ・ジャウーへ移籍。ここで大活躍をして、その名をブラジル全土に知られるようになったのです。

ブラジルで名をあげて帰国した三浦さんのJリーグでの活躍は周知のとおり。

なお、生涯、ワールドカップと縁がなかった三浦さんでしたが、2012年に「FIFAフットサルワールドカップ」の日本代表に選出され、種目は違えど、「ワールドカップ」への出場を果たしています。

そして……2020年。

サッカー界のレジェンドは、いまだに現役選手！

2017年には、「50歳と14日」でゴールを決め、「リーグ戦でゴールを決めた最年長のプロサッカー選手」としてギネス世界記録に認定もされています。

今や、そのゴールは、決めるたびに世界記録を更新するのです。


あるとき、出場機会が減っても現役にこだわり続ける三浦さんに、記者が「客寄せパンダ的な利用のされ方をするのは嫌じゃないですか？」という、意地悪な質問をしたことがありました。

そのとき、キング・カズは、こう答えたといいます。

「その役割は自負していますよ。僕は客寄せパンダで十分ですよ。だって普通の熊じゃ客は来ないんだもの。パンダだから見にくるんだもの」

心からサッカーを愛し、**自分がやってきたことに誇りを持ち続けている。**

観衆の前で、サッカーができることを楽しんでいる。

そして、「客寄せパンダ」だろうがなんだろうが、自分を**見にきてくれたお客さんに、感動や元気や勇気を与えられることに感謝している……**。

2019年。平成を振り返る番組のなかで、ともにフランスワールドカップのメンバーから外された北澤豪《つよし》さんから、「平成でやり残したことは？」と問われた三浦さんは、こう即答していました。

「ないよ」

もしかしたら、これほど幸せなアスリート人生を歩んでいる人は、他になかなかいないのかもしれません。

Word 77

「そりゃあJ1とJ2を自由に選べるなら、J1を選びますよ。でも、自分を必要としてくれるならカテゴリーは関係ない。僕にとってのプライドとは、グラウンドで一生懸命プレーすることです」

三浦知良　プロサッカー選手

ちっぽけな見栄とは比べ物にならない、「本物のプライド」だと思います。

Word 78

「ベストを尽くせば誇りに思える」

カール・ルイス　元プロ陸上選手

勝つものがいれば、必ず負けるものもいるのが当たり前です。たとえ、敗者になっても、ベストを尽くしていれば、胸を張れる。「やれることは全部やりました」と、人生は、この言葉を何回言えるかで、その濃さが決まります。

Story

28

限界を超える方法

Word

79

勝つ負けるは
問題ではありません！
とにかく走らせてください！

人見《ひと》《み》絹江《きぬ》《え》
（元女子陸上選手）

「勝つ負けるは問題ではありません！　とにかく走らせてください！」

彼女の必死の形相《ぎょうそう》に、監督はとうとう出場の許可を出したといいます。それは1928年のアムステルダムオリンピックでのこと。43名の日本人選手のなかで唯一の女子選手として参加した人見絹江さんは、「絶対に勝てる」と思っていた100メートル走で、まさかの敗退。**「このままでは日本に帰れない」**と、それまで走ったこともなかった800メートル走への出場を監督に直訴し、認められたのです。

人見絹江さんは岡山市の出身。身長約170センチ、体重約56キロと、恵まれた体と、たぐいまれな身体能力で、はじめはテニスで活躍していました。16歳のとき、初めて出場した陸上大会で、いきなり、走り幅跳びの日本記録（非公認）を出して優勝し、陸上へ転身。

校長の勧めで入塾した東京の二階堂体操塾（現在の日本女子体育大学）では、三段跳びの世界記録（当時）をはじめ、日本記録を連発しました。

新聞社に記者として就職後、1926年に出場した、「第2回国際女子競技大会(第1回大会の名称は、万国女子オリンピック大会)」では、世界新記録で走り幅跳びに優勝、立ち幅跳び優勝、円盤投げ準優勝などの成績をおさめ、終わってみれば個人総合1位の成績で「名誉賞」を受賞。

日本に敵なしどころか、この時点ですでに彼女は、世界の一流アスリートだったのです。

そんななか。2年後に開催されるアムステルダムオリンピックで、史上初めて陸上競技で女子種目が行なわれることになります。得意競技の走り幅跳びは、残念ながら女子競技への採用がありませんでしたが、それでも、100メートル走なら金メダルが取れる……と、周りも本人も思いました。

オリンピック前の2年間。彼女は狙いを「100メートル走での金」に絞って猛練習を積み、アムステルダムに向かったのです。

そして、迎えたオリンピック本番。

100メートルの予選は余裕の1位で通過。

そして、迎えた準決勝戦。

順調なスタートで、70メートルまではトップでした。

しかし、レース後半、3人に抜かれてしまい、結果はまさかの4位に。

金メダルどころか、決勝のレースに参加することすらできずに敗退が決まってしまったのです。


控え室に戻ると、同じレースで3位となり、同じく決勝前に敗退した優勝候補ナンバー1と言われていたドイツのユンカーさんが人目もはばからずに泣いていました。

しかし、人見さんは、ショックが大きすぎて泣くこともできません。

合宿所に帰りますが、食事ものどを通らず、そのままベッドへ。ここでようやく、堰《せき》を切ったように涙があふれ出しました。

その晩、一睡もできずに泣き続けた人見さんは、800メートルに出場する決心をします。

このときの彼女は、100メートルのほかに、走高跳び、円盤投げ、そして、80

0メートルにエントリーしていました。走高跳び、円盤投げは、それまでの記録から考えて、メダルは難しい。事実上、100メートル以外は眼中になく、未経験の800メートルに至っては、「100でメダルを取ったあと、疲れていたら棄権すればいいし、ついでに出れば入賞くらいはできるかも」くらいに考え、一応、エントリーしていた程度だったのです。

しかし。**100メートルに敗れた今、800メートルにかけるしかない！**

こうして、彼女は監督に直訴し、監督から出場の許しをもらったのです。

予選に向けて、監督や男子陸上選手が授けてくれたアドバイスは、「強い選手についていけ！」。この言葉に従い、予選を2位で通過。

翌日の決勝戦の前夜、「**もう一度だけ、明日、自分に走る力を与えてください**」と祈ったという彼女。ほとんど眠ることができずに朝を迎えます。

決勝での作戦は「トップをいく選手についていって、ラスト100メートルでスパートをかける」というもの。それは、「ラスト100メートルになれば勝手に身体が動くはず」という、彼女の短距離走者としてのDNAに期待を込めた、イチかバチかの作戦でした。

しかし、そんな作戦が通用するほど決勝戦はあまくありません。

トラック1週目。400メートルの時点で人見さんはトップについていくどころか第6位。

やはり、無理があったか……と誰もが思った2周目でした。

第2コーナーに入ると、人見さんは突然、速度をあげ、3人のランナーを一気に抜きます。

しかし、もうこの時点で体はすっかり限界点。

ここで、彼女の頭に、監督の言葉が浮かんだといいます。


「足が動かなくなったら腕を振れ!」


夢中で腕を振り、とうに限界を超えた足を動かし続けます。

2位の選手を抜いたと思った瞬間、彼女は目の前が真っ暗になり、それと同時にゴールに入ったのです。

結果は2位！　日本女子選手、史上初のメダル獲得！

このレースは、人見さんだけでなく、優勝したドイツのラトケさんもゴールと同時に失神して気を失うという壮絶なものでした。

このとき。

人見絹江さんは間違いなく限界を超える力を発揮しました。

女性のスポーツ進出に対して、多くの偏見があった時代。自分が実績を作ることが、あとに続く未来の女性選手たちに道を作ることにつながると信じていた彼女。「このままでは日本に帰れない」という思いが、彼女に限界を超えさせたのです。

帰国後、文才があった彼女は、記者として働くだけでなく、講演会や本の執筆を積極的にこなしました。

そして、1930年。チェコのプラハで開催された「第3回万国女子オリンピック」に若い選手5人を連れて遠征します。資金集めに奔走した苦労が実り、日本チームは総合4位の好成績でした。

しかし、その成績にすら満足しない世論にショックを受け、帰国後も体調をくずしながらも執筆と講演、募金のお礼まわりと多忙な日々を過ごしました。

そんな無理がたたり、とうとう喀血《かっけつ》して入院してしまいます。

はじめは風邪をこじらせた程度だと思っていたのですが、意外な重病。

病室にかかげた「軽井直子」という偽名からも、回復を願う彼女の思いが伝わってきます。

しかし、1931年8月2日。その思いもむなしく、彼女は「乾酪《かんらく》性肺炎」でその生涯を終えます。命日となった8月2日は、奇しくも、わずか3年前に、彼女がアムステルダムで銀メダルを獲得した日と同じ日付でした。

人見さんの銀メダルののち、日本の女子選手がオリンピック陸上競技でメダルを取ったのは、実に64年後のこと。1992年のバルセロナオリンピックの女子マラソンで銀メダルを獲得した有森裕子さんでした。

有森さんは人見さんと同じ岡山市の出身。そして、メダルを獲得した日も、人見さんが亡くなった日と同じ8月2日（日本時間）というのは不思議な偶然です。

金栗四三さんを「日本マラソンの父」とするなら、人見絹江さんは、その短い生涯で「日本女子陸上の母」のような役割を担《にな》ったと言えます。

彼女が若い後輩を連れて総合4位になった「第3回万国女子オリンピック」の開催地、チェコのプラハでは、彼女の死を悼《いた》み、同国の陸上関係者たちの募金によって国立墓地に彼女の功績を讃える記念碑が建てられました。

そして、チェコでは、今も「年間最優秀女子選手」に、「KINUE　HITOMI杯」が授与され続けているのだそうです。

Word
80

「もし優勝できなかったら死のう、と考えたほどです。帰りの船から飛び込もうか、いや、私は泳げるから、海では死ねないのではないか、などと本気で考えたのです」

前畑秀子《まえはたひでこ》　元競泳選手

1932年のロサンゼルスオリンピックで、1位の選手とわずか0・1秒差で銀メダルになった前畑さん。本人は満足していましたが、戦意高揚の気運が高まる世論は「次のベルリンで金」という十字架を彼女に背負わせます。

これは、そのベルリン入りする前の悲痛な思いをのちに彼女が語った言葉です。直前に、持っていた紙のお守りを、水と一緒に飲み込むほど緊張してのぞんだレース。見事に日本女子選手、史上初の金メダルを獲得しました。もし、これが金メダルではなかったらと思うと、ゾッとしてしまいます。

Story

29

応援を力に変える

監督が見てくれてたん
じゃなくて、
一緒に土俵で
戦ってくれたような、
そんな気がします。

Word 81

徳《とく》勝《しょう》龍《りゅう》
（大相撲力士）

2020年、令和最初の大相撲初場所。

結びの一番で、大関の貴景勝《たかけいしょう》関を寄り切りで破り、14勝1敗の成績で優勝したのは、33歳5カ月のベテラン力士、徳勝龍関でした。

番付は、なんと西前頭十七枚目。幕尻（幕内でもっとも下位の番付）力士の優勝は、2000年春場所の貴闘力《たかとうりき》関以来20年ぶり2回目のこと。

徳勝龍関は、初土俵から11年目。令和2年の初場所は、なんと5度目の再入幕というのですから、遅咲きの苦労人です。

勝った直後、号泣した苦労人は、優勝インタビューでは、いくぶん緊張した面持ち。場内のお客さんにペコリペコリと頭を下げるあたり、実にどうもインタビュー慣れしていません。そして、開口一番**「自分なんかが優勝していいんでしょうか」**と場内を沸《わ》かせます。このセリフ、事前にインタビューの最初はこれでいこうと決めていたそうで、本人曰く、「つかみはオッケー」だったとか。

優勝を意識したか？　という質問に、**「意識することなく……うそです。めっちゃ意識してました！」「ばりばりインタビューの練習をしてました」**と回答。これにもお客さんは、笑い&拍手。さすが、「お笑いが好き」というだけあって、場内を沸かせてくれました。

しかし、そんな徳勝龍関の表情が変わったのが、母校、近畿大学相撲部の伊東勝人《いとうかつひと》監督について話が及んだときでした。


徳勝龍関は、高知・明徳義塾高校を経て2009年に近畿大学から角界入りしました。実は、高校時代に自分の実力のなさを痛感して、大学の相撲部へ進むのを諦めかけたことがあったそうで、そんな彼をスカウトしてくれたのが、近畿大学相撲部の伊東監督だったのです。

もし、このとき、スカウトしてもらっていなければ、実業団へと進んでいた可能性が高く、角界に入ることもなかったはず。

つまり、徳勝龍関にとって、近大の伊東監督は、大恩人なんですね。

ちなみに、四股名《しこな》も、出身高校の明徳義塾から「徳」の字を、伊東勝人監督の名から「勝」の字を、それぞれいただいてつけたものです。

そんな、伊東監督は、初場所の真っ最中であった1月18日に55歳の若さで急死してしまいます。突然の恩師の死に、大きなショックを受ける徳勝龍関。

師匠の木瀬《きせ》親方（元幕内肥後ノ海）曰く、「同輩に抜かれても、のほほんとしていた」という徳勝龍関でしたが、恩師の死を境に、目の色が変わりました。

徳勝龍関は、優勝インタビューで「（優勝決定戦の取り組みで、土俵際で体を振られて危ないと思った瞬間）後押ししてくれたものはなんでしたか？」との質問に、涙ながらにこう答えています。

「場所中に、恩師の近畿大学の伊東監督が亡くなって……。監督が見てくれてたんじゃなくて、一緒に土俵で戦ってくれていたような、そんな気がします」

そして、「（伊東監督に）どんな報告をされますか？」との問いには、「ずっと、いい報告がしたいと思って、それだけで頑張れました。**弱気になるたびに監督の顔が思い浮かびました**」と。

人のよさが災いし、これまで大成することがなかった徳勝龍関。

「亡き恩人に、初優勝の報告をしたい！」という一念が、遅ればせながら、力士として、ひと皮もふた皮もむけ、成長するきっかけになったのではないでしょうか。

あなたには、人生の恩人と呼べる人がいますか？

その人に、恥ずかしい姿は見せられない。その人の応援に応えなければ！

そんな思いは、大きなモチベーションに成り得ます。

これまで、十両優勝ですら、たったの1回しかしていない徳勝龍関の幕内優勝は、そんなことを思わせてくれます。

Word 82

「もう33歳じゃなくて、まだ33歳だと思って頑張ります！」

徳勝龍　大相撲力士

これ、世のベテランたちに力をくれる言葉ですね。のほほんとしていた大器晩成男《たいきばんせいおとこ》から、こんな言葉を聞けて、天国という特等席で初場所を観ていた伊東監督も、さぞ、喜んでいると思います。

Word 83

「潔くなくても、往生際が悪くてもいい。どこまでも自分の衰えと戦い続けることで自分の可能性を最後の一滴まで絞り出す。それによって『自分自身』をまっとうすることができる」

工藤公康《くどうきみやす》　元プロ野球選手・監督

現役生活29年間で通算２２４勝。48歳まで現役で過ごした、名ピッチャーの言葉です。

Story
30

120パーセントの力を出させたもの

自分たちが頑張ることで、
被災地の方々が少しでも
パワーや勇気、笑顔を取り戻すことに
つながればいいなという気持ちを
持っていました。

Word
84

澤《さわ》穂《ほ》希《まれ》
（元女子プロサッカー選手）

「苦しいときは、私の背中を見て」

この澤穂希さんの有名な言葉は、2008年の北京オリンピックの際、当時、世界ランキング2位だったドイツと3位決定戦にのぞむ前、ロッカールームでのミーティングでチームメイトたちに言ったものです。

この試合に勝てば、日本の女子サッカー史上、初のメダル（銅）を取ることができる。そんな大一番の前に、「たとえ苦しい展開になっても最後まで諦めないでほしい」という思いからの言葉でした。

しかし、試合は2対0で負けて日本は4位。メダルを取るという悲願は叶いませんでした。

その3年後。

女子サッカーワールドカップの開催国は、そのドイツ。

なでしこジャパンは、「今度こそメダルを！」と雪辱《せつじょく》に燃えていました。

しかし……。

その年。2011年の3月11日。

あの東日本大震災が起こったのです。

津波による未曾有《みぞう》の被害。テレビ番組や全国のさまざまなイベントが自粛されるなか、澤さんの気持ちも揺らいだそうです。

「こんなときに、サッカーをしていてよいのか？」

しかし、やがて、その思いはこう変わります。

「こんなときだからこそ、私たちの頑張りで、少しでも日本を元気にしたい！」

このドイツ大会は、澤さんにとっては、なんと5度目のワールドカップ。

今まで、どうしても届かなかったメダルという壁。しかし、キャプテンの澤さんも佐々木則夫《ささきのりお》監督も、今のチームなら、**初めてのメダルどころか金メダルも夢ではない**と考えていたのです。まさに、このドイツ大会は、澤さんの座右の銘、**「夢は見るものではなく叶えるもの」**を実践する舞台でした。

初戦、第2戦と勝ち進み、準々決勝の相手は、開催国であり大会二連覇中のドイツ。日本にとっては北京オリンピックの雪辱戦です。

試合は0対0のまま延長戦に突入。そして、延長後半3分。澤さんからのパスを受けた丸山桂里奈《まるやまかりな》さんがゴールを決めて勝利しました。

これで、なでしこジャパンは日本初のワールドカップベスト4入りを果たします。

次の試合に勝てば、念願のメダル獲得です。

準決勝のスウェーデン戦では、先制点を許したものの、逆転し、3対1で勝利。ついに、メダルを獲得！

なでしこジャパンは、夢舞台だった決勝へと進みました。

この頃、震災で沈んでいた日本では、徐々に「なでしこ旋風」が吹きはじめていました。テレビ画面から流れてくる、彼女たちの奮戦に注目が集まりはじめたのです。

そして。金メダルをかけた決勝戦。

相手は、当時世界ランキング1位だったアメリカチーム。

それまでの対戦成績は0勝21敗3分けと、1度も勝ったことがない相手です。

しかし、試合の前、澤さんはこう考えていました。

「ワールドカップの決勝という最高の舞台で、アメリカと対戦できるということは、サッカーの神様がチャンスをくれたのだ」

実はアメリカは、かつて、澤さんが若き日にサッカー留学をした国。アメリカ人選手たちの強さは、誰よりも知っていました。

それなのに、本人も不思議なことに、澤さんは**試合の前、なぜか、負ける気がいっさいしなかった**のだそうです。

チームメイトたちにも、おかしな緊張がない。練習中は笑顔まで見られる。

「日本を元気にしたい」

そんな思いが、このときの彼女たちに、120パーセントの力を発揮させていたのかもしれません。

そして、日本中が注目した決勝戦。

後半24分。先制したのはアメリカでした。

しかし、日本は宮間《みやま》あやさんのゴールで追いつき、試合はドイツ戦と同様に、前半後半15分ずつ、計30分の延長戦に入ります。

延長戦前半14分。またしても先に点を取ったのはアメリカ。

チームのエース、アビー・ワンバックさんがヘディングゴールを決めたのです。

実は、このワンバックさん。澤さんがアメリカ留学したときのチームメイト。

今はライバルとなった彼女のゴールで、日本チームは大ピンチになります。


それは、試合終了まで残りわずか3分の延長戦後半12分のことでした。

澤さんが、大会5点目となるゴールを決めたのです。

テレビの前で、日本中が沸いた瞬間です。

この起死回生のゴールで、ついに試合の決着は、両チーム5選手が交互にボールを蹴り、得点の多いほうが勝者となるPK戦にもつれ込みました。

この緊迫のPK戦の前、佐々木監督は「**お前ら、儲けものやで**」と、笑顔で選手たちの緊張をほぐしたそうです。

いっぽうのアメリカチームは、ほぼ手にしていた優勝がスルリと逃げてしまい意気消沈。このとき、すでに勝負はついていたのかもしれません。

ゴールキーパー海堀《かいほり》あゆみさんのスーパーセーブもあり、2本を外したアメリカに対し、なでしこたちは全員がゴールを決めます。

4人目の熊谷紗希《くまがいさき》さんがゴールを決めた瞬間、**日本は今まで1度も勝てなかったアメリカチームとの死闘を制し、悲願の金メダルを獲得**したのでした。

帰国後の会見で、澤さんが言ったのが、240ページの言葉です。

「私たちがたくさんの方々に応援されているように、自分たちが頑張ることで、被災地の方々が少しでもパワーや勇気、笑顔を取り戻すことつながればいいなという気持ちを持っていました」

この勝利によって、日本だけでなく世界中のメディアが、なでしこジャパンを讃えました。

なでしこジャパンは、チームで国民栄誉賞を受賞。

そして、翌2012年1月。FIFA（国際サッカー連盟）は、年間最優秀選手として、メッシさんとともに澤さんを選出したのです。

この賞をアジア人が受賞したのは男女を通じて澤さんが史上初のことでした。

澤さんは、日本だけでなく、世界のサッカー界でレジェンドとなったのです。


実は、この話には後日談があります。

大きな賞を受賞した、この2012年。澤さんは遠征中に体調不良を感じます。

精密検査による診断結果は、「良性発作性頭位めまい症」。

歩くのがやっとという状態になり、試合を欠場して治療に専念することに。

そんな澤さんのもとに、アメリカから1人の女性がお見舞いに訪れました。

それは、先のワールドカップの延長戦で、1度は勝ち越し点となったゴールを決めたワンバックさん。

元チームメイトで、今は最高のライバルとなった澤さんが病気だと知った彼女が、澤さんのキャンプ地、鹿児島までやってきてくれたのです。

ワンバックさんは、澤さんにこんな言葉をかけました。


「絶対に克服できる。またオリンピックで戦おう。でも、次はやられないよ」

この言葉に澤さんは号泣。そして、復帰への勇気をもらったのです。

その年。8月のロンドンオリンピックに出場を果たした澤さん。

決勝の相手は、またしてもアメリカでした。

「またオリンピックで戦おう」というワンバックさんとの約束を果たすことができましたが、今度は、「次はやられないよ」との言葉のとおり、アメリカチームが勝利し、日本は銀メダルとなったのでした。

ワールドカップ6回（「世界史上最多出場選手」としてギネスブックにも掲載）と、オリンピックに4回出場。そして、日本女子代表選手として歴代トップの205試合出場と83得点など、さまざまな記録を打ち立てた澤さんは、2015年に引退を表明。現役最後の試合でも、決勝ゴールをあげるなど、最後まで伝説を残しました。

余談ですが、この同じ年。親友であるワンバックさんも現役を引退。

世界を代表する女子サッカー選手が同時に2人引退し、女子サッカーは、この年から新たな時代へと移ったのでした。

震災に見舞われたあの年。
日本は、間違いなく、「なでしこジャパン」の優勝に元気をもらいました。
そして、彼女たちもまた、日本中からの応援にパワーをもらったのです。

「誰かのために」

これは、自分の持っている力以上のパワーを発揮させ、壁を越えさせてくれる魔法の言葉です。

Word
85

「東北の子どもたち、全国の子どもたち、そして被災者のみなさんにこれだけ勇気を与えてくれた選手、褒めてやってください！」

星野《ほしの》仙一《せんいち》　元プロ野球選手・監督

中日ドラゴンズのエース、そして名監督として知られた闘将、故星野仙一さんが東北楽天イーグルス監督就任3年目に日本一になったときの言葉。星野さんが楽天の監督に就任した1年目。開幕をひかえた3月11日に東日本大震災が発生しました。その年、選手たちは、午前中は被災地をまわってボランティア、夕方からは試合という生活で、チームは5位に。しかし、監督就任3年目。地元の復興と呼応するように日本一に。

巨人を倒して、初の日本一になった感想を聞かれても、星野監督は、「私のことなんて、どうだっていいけれど、まだまだ被災地の皆さん、ご苦労なさっています。（この優勝で）ほんの少しでも、スズメの涙ほどでもいいから、癒してあげたいといつも考えていました」と語ったのでした。

Word
86

「私はスケートという競技を通じて、皆さんに夢や希望を持ってもらいたい。元気になってもらいたい。『笑顔になれたよ！』と言われると本当に嬉しい。周りの人に喜んでもらうことが自分のパワーになるし、頑張ろうという気持ちになります」

鈴木明子《すずきあきこ》　プロフィギュアスケーター

バンクーバーとソチという2つのオリンピックで連続8位入賞を果たした鈴木明子さんは、大学生の頃、摂食障害に苦しみ、そこから立ち直った経験があります。家族の支えで立ち直った彼女は、「自分の滑りが、周りの人たちに元気を与えられること」が何より嬉しかったそうです。

引退後、「どんな高い点数よりも、お客さんの拍手、歓声が嬉しい。あれがあったから、私はスケートを続けることができました」と語っています。

彼女もまた、「誰かのために」をモチベーションにしていたのですね。

Story

31

「誰かのために」という力

あんなに遠くにボールを
飛ばしたことはない。
誰かが力を貸してくれたんだ。

ディー・ゴードン
（メジャーリーガー）

Word
87

自分たちの頑張りを見てもらうことで、震災の被災地の人たちに、少しでも元気や勇気を与えることができれば……と考え、見事に金メダルを獲得した「なでしこジャパン」の話に続いて、もう1つ、「スポーツの神様って本当にいるんじゃないだろうか?」と思わせてくれる話です。

それは、2016年9月26日。フロリダ州マイアミで行なわれた、メジャーリーグの試合、マイアミ・マーリンズ対ニューヨーク・メッツでのことです。

この試合、イチローさんを含めたマーリンズの選手は、全員が同じ背番号「16」のユニフォームを着ていました。いや、背番号だけではありません。ユニフォームには「FERNANDEZ(フェルナンデス)」という同じ名前が……。

実は、この試合。

前日の未明に、魚釣りのため乗船していた高速ボートが岩礁に衝突して転覆し、急死したホセ・フェルナンデス投手への哀悼《あいとう》を捧げる試合だったのです。

フェルナンデス投手は、キューバ出身で、2013年には新人王も獲得したマーリンズの若きエース。その年、２０１６年のシーズンも、それまでに16勝をあげ、将来は、チームを超えて、次代のメジャーリーグを背負う大投手になるはずの選手でした。

享年はわずか24歳。あまりにも若すぎる突然の死。婚約者のカーラさんは出産を間近に控えていたそうです。

この訃報《ふほう》を受けて、球団は緊急会見を開催します。

会見には、監督、そして、全選手が黒いユニフォーム姿で同席し、現役時代のイチローさんも目を真っ赤にして出席しました。

この席で、「今日の試合では、全員がフェルナンデス投手と同じ背番号と名前が入った喪章つきユニフォームを着て試合をする」という発表が行なわれたのです。

試合の前。フェルナンデス投手を追悼するセレモニーとして、ピッチャーズマウンドに集まった選手たち。涙をこらえながら、マウンド上にペイントされた同選手の背番号である「16」に手を触れます。その後、球場全体で黙とう。

悲しみのセレモニーのあと、試合は始まりました。

初回、マーリンズの先頭バッターは、生前のフェルナンデス投手が、まるで弟のように可愛いがっていたディー・ゴードン内野手。たぶん、フェルナンデス投手の死を、もっとも悲しんでいた選手です。

彼は左バッターですが、初球はフェルナンデス投手への追悼から、「16番」が入った右打者用のヘルメットをかぶって右打席に入り、見送ります。

そして、2球目からは、自分のヘルメットにかぶり直して本来の左打席に入りました。

それは、メッツ先発のベテラン投手、バートロ・コロンさんが投じた3球目でした。

ゴードンさんが思い切り振り抜いたバットはボールをとらえ、なんと、ライトスタンドの2階席に飛び込む大ホームラン。

ゴードンさんは、決して長打力がある選手ではなく、それは、彼がそのシーズン中、9月にして放った第1号ホームランでした。

自分でも信じられないホームランに、号泣しながらグラウンドを一周するゴードンさん。ホームベースを踏むと、左胸を2回叩いてから天を仰ぎ、涙をぬぐう。

そのゴードンさんをベンチ前で出迎える選手たちも、涙がとまりません。

ベンチに戻ったゴードンさんは、選手や打撃コーチたちと抱き合うと、泣き崩れたのでした。

スタンドのお客さんも泣きながらスタンディングオベーション。

あとからわかったのですが、実はこのとき、ホームランを打たれたメッツのコロン投手も、そして、キャッチャーも、ゴードンさんが放った奇跡のようなホームランに感動して涙があふれたといいます。

そして、コロン投手が、故人への敬意とマーリンズの選手たちにゴードンさんを祝福する時間を与えるために、あえてマウンドで動きを止めている姿は、メッツ番の記者からも**「なんという光景なんだ」**と感動をもって賞賛されたのでした。

この日、試合は、7対3でマーリンズが勝利しました。なんと、ゴードンさんは初回のホームランを含め、4安打の大活躍を見せたのです。

敗戦投手となったコロン投手は、**「彼らが勝って本当によかった。（この試合で）自分に勝ったのがフェルナンデスだったとしたら、本当に嬉しい」**と語ったといいます。

ゴードンさんは、インタビューでこう言っています。

「彼のためにホームランを打ったときは人生最高の瞬間だった」

そして、特大のホームランについては、**「神は信じないんだけど、あんなに遠くにボールを飛ばしたことはない。誰かが力を貸してくれたんだ」**と。

また、この日、イチローさんは7回に代打で出場し、ヒットを放っています。

試合後にインタビューを受けたイチローさんは、長い沈黙のあと、**「この1本を彼（フェルナンデス）に捧げます」**と語ったのでした。

澤穂希さんの項で、「誰かのために」は、自分の持っている力以上のパワーを発揮させてくれるとお伝えしました。同じように、**「誰かのために」と真剣に思ったとき、神様はその人に力を貸してくれる**ような気がするのです。

正直、人生は「自分ファースト」が正解です。まず、自分が幸せになるのが第一。

それで、はじめて、周りの人たちのことを心配すればいい。

ただ、自分のことしか考えていなかった人が、**「誰かのために」と視野が広がった途端に、壁を破ることがある**という事実は覚えておいて損はありません。

私の知人である起業家の方も、「自分の儲けより、困っている人たちの役に立とうと考えたときから、突然、事業がうまく行きはじめた」と言っていました。

ゴードンさんの奇跡のホームランなどで勝利した試合後、マーリンズの選手たちは、「16」とペイントされたマウンドに帽子を置き、フェルナンデス投手に別れを告げました。

なお、多くの人たちに感動を与えたこの日の試合は、2016年、メジャーリーグの「ベスト・モーメント（最高の瞬間）」で第1位に選出されています。

Word
88

「帰って来いと言ってくれたカープのために。俺に声援をくれた人たちのために。この身を捧げるという気持ちにさせてもらっています」

新井貴浩《あらいたかひろ》　元プロ野球選手

広島カープのファンに愛されながらも、「自分を試したい」と、FA権を行使して阪神タイガースに移籍。広島戦ではブーイングが飛ぶこともあった新井さん。阪神に移籍して7年後、出場機会が減ったこともあり、自ら自由契約選手に。そんな自分を再び拾ってくれたカープ球団と、試合に出たときに、「よく帰ってきた」と、大歓声で迎えてくれた広島のファンに感謝し、「今度は自分がファンを喜ばせたい。絶対に喜ばせる」と誓いました。これは、その頃の新井さんの言葉です。

カープに復帰して2年目。ベストナインに選ばれるなど、25年ぶりのリーグ優勝に貢献した新井さんは、優勝が決まった試合では、チームメイトたちから胴上げもされたのでした。

Story
32

守りに入らず、強気で攻める

ラグビーに
奇跡や偶然はありません。
必然です。

五《ご》郎《ろう》丸《まる》 歩《あゆむ》
（ラグビー選手）

Word
89

「攻撃は最大の防御」という言葉があります。

自分が優位に立っていると、人はついつい、「守りに入ってしまう」もの。

でも、守りに入ると、相手は、弱気に付け込んで、心おきなく攻めてきます。

これは、そんな「守りに入るか、強気に攻めるか」という選択が勝負を分けた話。


それは、2015年9月19日、イングランドのブライトンでのこと。

ラグビーファンならずとも、聞いたことがあるかと思います。

そう。世界中に、**「ブライトンの奇跡」「史上最大の番狂わせ」**と報じられた、「ラグビーワールドカップ2015」、日本対南アフリカ戦です。


南アフリカのラグビーチームといえば、ニュージーランドの「オールブラックス」とともに、世界的にもっとも知られる強豪。ワールドカップでの勝率は8割を超え、優勝2回という「スプリングボクス」です。

対する日本のそれまでのワールドカップの戦績は、通算1勝21敗2分け。24年前にジンバブエを相手に飾った勝利が唯一の勝ち星。

過去の成績だけ見れば、プロ野球のチームにリトルリーグのチームが挑戦するようなもの。事実、試合前のブックメーカーのオッズは、南アフリカ勝利1倍、日本勝利34倍と、世界中が「南アフリカが勝って当然」だと思っていました。

ところが……。

試合が始まってみると、先制したのは、なんと日本。ハーフタイム時でも、12対10と、ほぼ互角で前半戦が終わります。

この時点で、場内にはジャパンコールが響き、世界中のテレビの前でも、日本が追いつくたびにラグビーファンたちが大歓声をあげていました。

それほど、この日本の善戦は、ラグビーファンにとって、ありえない光景だったのです。

試合の後半戦も、南アフリカがリードすれば日本が追いつくという展開が続きます。

後半28分。フルバックの五郎丸歩さんがトライ（5点）を決め、トライ後のコンバージョンゴール（2点）も得意の五郎丸ポーズで決め、スコアは29対29。

もしかしたら、日本の勝利があるのでは？　と、そう思った後半32分でした。

日本は、痛恨のペナルティをとられ、南アフリカがペナルティキックのチャンスを得ます。しかも、その位置は、日本のゴールラインのわずか5メートル手前。

ここからスクラムを選択されて、トライ&ゴールを決められてしまったら、一挙に7点差。万事休すでした。

ところがここで、南アフリカは、スクラムを選ばず、手堅くキックを選択するのです。

この消極的な選択に、場内からは大ブーイング。

このとき、五郎丸さんは「これはイケる！」と思ったといいます。

「あの南アフリカが『3点差でもいいから勝ちたい』と追い込まれている！」

自分たちが間違いなく、世界の王者を苦しめ、動揺させていることを実感し、「勝てる」と思ったのです。

当然、キックは決まり、スコアは29対32と3点のビハインドになります。

試合は、そのままの点差で残り1分に。

ここで、今度は南アフリカのほうがペナルティを取られ、プレーが切れている間にロスタイムに突入。

ラグビーでは、ロスタイムに入ったら、あとワンプレーで試合は終了します。つまり、この時点で、日本に残されたチャンスは、あとワンプレーを残すのみになりました。

日本チームは、この土壇場《どたんば》で、歴史的な選択を迫られたのです。

もし、そのままペナルティキックを決めれば、3点が入って、「世界の強豪南アフリカと引き分ける」ことができます。それは十分な偉業です。

しかし、もしスクラムを選択して、あとワンプレーでトライができなければ、敗戦になってしまう。これまでの善戦が無駄になり、結果はただの「負け」になってしまう。

どう考えても、キックを選択するほうが安全です。

しかし……。

日本チームの選手たちは、誰ひとり、そんなことは考えていませんでした。

狙うは「日本のラグビーの歴史を変える勝利」のみ！

「スクラムで行こう！」

リーチ・マイケルキャプテンの選択に異を唱える選手はいませんでした。

唯一、コーチングボックスにいた日本チームのヘッドコーチ、名将エディー・ジョーンズだけは、選手たちの選択に驚き、無線機のヘッドホンをコンクリートにたたきつけ、ぶち壊したといいます。

勇気ある選択をしたジャパンに、観客たちは熱狂します。

「日本からきたサムライたちは、引き分けを選ばないのか？　彼らは、南アフリカに本気で勝つつもりなのだ！」

場内は「ジャパン！　ジャパン！」の大コールになります。

そして、真っ向勝負の運命のスクラム。

ここからのプレーは、ゴールラインまで、ボールを奪われても、パスを落としても、即、敗北。そんなギリギリのプレーです。

その後の一連のパス回しは、ラグビーファンの目に焼きついているといいます。そして、最後は、カーン・ヘスケスさんが左コーナーにトライ！

その瞬間、スタンドは、歓声を通り越して、大絶叫でした。

最終スコアは、34対32！　2点差で、ジャパンのロスタイム逆転勝利！

このとき、たしかに日本のラグビーの歴史は変わりました。

「俺たちで日本のラグビーを変える」をモチベーションに、狂気のような猛練習を続けてきた選手たちの思いは、ここに実を結びました。

ちなみに、この試合は、英国BBCが選んだ「歴代のラグビーワールドカップでの番狂わせ」として、堂々の1位に選出されています。

オーバーではなく、**世界を驚かせた勝利**だったのです。

歴史的な勝利をあげた日本チームは、その後、スコットランドに敗れたものの、続くサモア、アメリカに勝利。しかし、惜しくも決勝トーナメント入りを逃しました。

2019年、日本で開催されたワールドカップで、その雪辱を果たして、ベスト8入りしたのはご存じのとおりです。

260ページの言葉は、2015年当時、記者から、「ミラクルな勝利」について聞かれたときに、五郎丸さんが毅然《きぜん》として言った言葉です。

「ラグビーに奇跡や偶然はありません。必然です」

たしかに、試合を観ると、奇跡や偶然で勝てるようなスポーツではありませんんよね。奇跡や偶然は、あくまでも、相手と互角近くまで力を持っているとき、はじめて効果を発揮するものなのだと思わせてくれます。

世の中、**実力が伯仲《はくちゅう》していれば、弱気になったほうが負けるもの。**

それが、破れかぶれの無謀なものでないかぎり、強気に責めることは、一番の勝利への近道。さらに言えば、正々堂々と勝負をする者には、周りも共感し、応援してくれます。

かつて、王貞治さんは、「ピッチャーが投げてくるボールで、どんなボールが一番嫌か?」と聞かれて、「速い球」と答えています。正々堂々、真っ向からのストレートが一番打ちにくいと。自信をもって真っ向勝負を挑んでくる相手というのは、意外とやっかいですよね。

勝利の女神は、いつの世も、自分を信じる勇者がお好きなようです。

Story

33

夢のバトン

死ぬのは怖くないから
やらせてほしい。

西《にし》山《やま》麗《れい》

（元女子ソフトボール選手）

Word 90

2008年北京オリンピックの女子ソフトボールで優勝し、金メダリストになった西山麗さん。

彼女が、大動脈弁狭窄《きょうさく》・閉鎖不全症と診断されたのは、生後1カ月のときでした。心臓の弁の不具合によって血液の流れが悪くなる病気で、軽い場合は日常生活に支障ありませんが、悪化すると激しい運動をすると突然死もあり得る難病です。

当然、彼女は医師からは激しい運動を避けるように言われて育ちました。

そんな彼女でしたが、小学生になるとバスケットボールに熱中します。

しかし、中学入学時、両親から、「攻守交替のときに休むことができるから」とソフトボールを勧められて転向。これが、のちに金メダリストになるソフトボールとの出会いでした。

転向後、ソフトボールの魅力にハマっていきましたが、全力でプレーできず、普通の選手なら三塁打にできる当たりでも二塁でストップしなければならないなど、悔しさを感じていたそうです。

中学2年生のとき、医師から、「心臓の大きさが成人に近づいた。このタイミングなら手術ができる」と告げられた彼女は、心臓弁移植手術を決意します。

渡米して行なわれた手術は、7時間にも及びました。

このときの心臓弁の提供者は14歳の少女。そして、手術でもらった心臓弁の寿命は約15年だと知ります。

見知らぬ少女からもらった大切な時間。

彼女は、本格的にソフトボールに取り組み、オリンピックを目指すことを両親に直訴します。心配する両親を、彼女はこう言って説得したのです。

「私は一度死んで生まれ変わった。死ぬのは怖くないからやらせてほしい」

高校を卒業した西山さんは2002年に就職。日本リーグ1部のソフトボール部に入りました。

2006年には日本代表に選ばれ、アジア大会で金メダル。同年、世界選手権で銀メダルを獲得。

そして、その2年後の2008年。ついに夢だったオリンピックの舞台に立ったのです。

実は、このときの北京オリンピック。次回のロンドンオリンピックでソフトボールが正式競技から除外されることが事前に発表されていたことから、もしかしたら「ソフトボール最後のオリンピックになるかもしれない」と言われ、各チームがいつにも増して並々ならぬ思いで参加しているオリンピックでした。

この夢の舞台。

西山さんは、内野手として出場。決勝進出がかかったオーストラリア戦では、サヨナラヒットを放つなど活躍を見せます。

そして、決勝の相手は、過去3大会ですべて金メダルを獲得し、オリンピックの公式戦で22連勝中のアメリカ。まさに、史上最強の相手です。

結果。

日本は3対1でアメリカに勝利します。

準決勝、3位決定戦、そして決勝戦と、1人で413球を投げぬいた上野由岐子さんの投球は、のちに「上野の413球」と呼ばれるほどの鬼気迫る力投でした。この勝利は、アメリカでは、「北京オリンピック最大の衝撃のひとつ」と報道されるほどの大番狂わせでした。

こうして、西山さんは、**臓器移植を経験した日本でただ1人の金メダリスト**になることができたのです。

この北京ののち、ロンドン、リオデジャネイロと、2大会連続で正式競技から外されたソフトボールですが、ついに東京オリンピックにおいて正式種目として復活することになりました。

2015年に1度引退し、コーチになっていた西山さんは、2016年に現役復帰し、ふたたびオリンピック出場を目指します。

しかし。

耐久は約15年と告げられていた彼女の心臓弁が、ついに限界を迎えてしまったのです。

2016年、心臓に異変を感じた彼女は、5月に人工弁移植の手術をします。

この人工弁は、2度と手術をしなくてもよいのですが、一生薬を服用しなくてはなりません。

「同じような病気で苦しむ人たちの希望になれるのなら力になりたい」

そう言って、手術後も選手を続け、東京オリンピックを目指していた彼女でしたが、2017年末、ついに現役引退を発表したのです。

引退直後。重度の心臓病を抱えた少女のためのチャリティー講演会において、西山さんはこんなことを言っています。

「あきらめない強さを病気から学んだ。当たり前の日常を大切に感じ、両親や周囲の応援を素直に感謝できた。病気で生まれてよかったとさえ思える」

2回目の手術のあとは、ベンチで過ごすことが多くなりましたが、そのことについても、**「ベンチで過ごす選手の気持ちを理解できた。すべてのことが意味を持っている」**と……。

心臓に爆弾を抱えているという、アスリートにとってはこれ以上ないハンディキャップ。しかし、そのハンディキャップのおかげで、素晴らしいアスリート人生が送れていると。

西山さんは、そう言っているのです。


引退後、西山さんは、ソフトボール教室のコーチとして、北京オリンピックのソフトボール日本代表監督、斎藤春香《さいとうはるか》さんとともに全国各地をまわり、次世代の選手を育てる活動をしています。

もしかしたら、このソフトボール教室から、未来のオリンピック選手が誕生するかもしれません。

西山さんが、命をかけて追いかけ、そして、つかんだ「オリンピック出場」という夢。その**「夢のバトン」は、こうして、次の世代の「命」へと引き継がれていきます。**


西山さんだけではありません。

オリンピックに出場した選手。

そして、オリンピックへの出場が叶わなかった選手。

そのすべての選手たちの「夢のバトン」は、オリンピックが続く限り、ずっと、次の世代の選手たちへと引き継がれていくのです。

おわりに　アスリートたちに、ありがとう

最後まで読んでいただき、ありがとうございます。

アスリートたちの熱く、力強く、そして、ときに胸が切なくなるエピソードと名言の数々、いかがでしたでしょうか？

私自身、執筆にあたって、そのアスリートの一生をなぞるような体験をし、原稿を書きながら目頭《めがしら》が熱くなることもしばしばでした。

たとえ、夢が破れても、気持ちを切り替え、次の目標を目指すアスリートのしなやかな心に多くを学びました。

リアルタイムで観戦していた試合の裏話を知ることで、「あの場面はそういうことだったのか！」と驚きました。

そして、どんなピンチでも、それをものともせず、跳《は》ね返すアスリートの精神力に

パワーをもらいました。

あなたにも、そんな体験をお届けすることができたなら、嬉しいです。

もしかしたら、「えっ、どうして、あのアスリートが登場していないの？」と思われたかもしれませんね。

私も、断腸の思いで掲載を見送ったアスリートがたくさんいます。

それらのアスリートのエピソードは、いずれまた、どこかで……。


本文でも何度かお伝えしましたが、それこそ、命を削り、人生のすべてをかけて、自分の競技に取り組んでいるアスリートに対して、外野で「競技の瞬間」だけを見た人たちが、とやかく文句をつけるのは失礼な気がします。

それは、アスリートの「陰の努力」を知れば知るほど、そう思うのです。

ましてや、政治や戦争などによって、アスリートたちから活躍の場が奪われたり、強烈なプレッシャーがかけられたりするのは、あってはならないことだと思います。

最後に、もう1つだけ、アスリートの名言を。

179ページで紹介した、世界最速の男、ウサイン・ボルトさんが、テレビ番組のなかで桐生祥秀さんに送ったアドバイスの続きです。

ボルトさんは、「トップスピードに乗ったらフォームを保ち、スピードを維持すること」と、速く走るためのアドバイスをしたあと、最後にこんなメッセージを若きアスリートに贈ったのです。

「いいか、桐生。自分のために走れ。それが国のためになればいい。まずは『自分のために走る』。そして『楽しむ』。それが日本のためになるんだ。決して国のためだけに走ってはだめだ」

ボルトさんは、自分のために楽しんで走り、そして、世界記録を出したのですね。

その強さの秘密を垣間《かいま》見た気がします。

不断の努力によって、私たちに「人間の限界」を見せてくれ、元気や勇気や感動を与えてくれる、アスリートたちに感謝します。

西沢泰生

参考文献

本書は複数の文献、ネット記事、ＹｏｕＴｕｂｅ映像などを参考に作成しています。主な参考文献は次のとおりです（順不同）。

『決定版これがオリンピックだ』舛本直文著　講談社／『覚えておきたいオリンピックの顔』本間康司絵と文　清水書院／『弱いメンタルに劇的に効くアスリートの言葉』鈴木颯人著　フォレスト出版／『諦める力』為末大著　プレジデント社／『日本人アスリート名語録』桑原晃弥著　ＰＨＰ文庫／『ひとつひとつ。少しずつ。』鈴木明子著　ＫＡＤＯＫＡＷＡ／『プロ野球　奇人変人列伝』野村克也著　詩想社新書／『野球へのラブレター』長嶋茂雄著　文春新書／『不動心』松井秀喜著　新潮新書／『栄光なき天才たち５　円谷幸吉　アベベ・ビキラ』森田信吾著　集英社／『東京五輪１９６４』佐藤次郎著　文春新書／『人生の励みになるアスリートたちの言葉　勝言』アスリート勝言研究会著　笠倉出版社／『おはぎ』三浦知良著　講談社／『やめないよ』三浦知良著　新潮新書／『わいたこら。』新庄剛志著　学研プラス

著者紹介
西沢泰生（にしざわ　やすお）
子どもの頃からの読書好き。「パネルクイズ アタック25」「クイズタイムショック」などのクイズ番組に出演し優勝。「第10回アメリカ横断ウルトラクイズ」ではニューヨークまで進み準優勝を果たす。
就職後は、約20年間、社内報の編集を担当。その間、社長秘書も兼任。
主な著書に、『壁を越えられないときに教えてくれる一流の人のすごい考え方』（アスコム）、『夜、眠る前に読むと心が「ほっ」とする50の物語』『伝説のクイズ王も驚いた予想を超えてくる雑学の本』（以上、王様文庫）、『朝礼・スピーチ・雑談 そのまま使える話のネタ100』（かんき出版）、『心がワクワクして元気が出る！ 37の旅の物語』（産業編集センター）、『マジどん「マジで、どん底！」から抜け出す、一流の人のすごい考え方』（内外出版社）、『大切なことに気づかせてくれる33の物語と90の名言』『大切なことに気づき、心ふるえる33の物語と90の名言』『コーヒーと楽しむ 心が「ホッと」温まる50の物語』（以上、ＰＨＰ文庫）など。

メールの宛先（＝執筆依頼先）yasuonnishi@yahoo.co.jp

本書は、書き下ろしです。

ＰＨＰ文庫　トップアスリートたちが教えてくれた
胸が熱くなる33の物語と90の名言

2020年6月18日　第1版第1刷

著　者　西沢泰生
発行者　後藤淳一
発行所　株式会社ＰＨＰ研究所
東京本部　〒135-8137　江東区豊洲5-6-52
ＰＨＰ文庫出版部　☎03-3520-9617（編集）
普及部　☎03-3520-9630（販売）
京都本部　〒601-8411　京都市南区西九条北ノ内町11

PHP INTERFACE　https://www.php.co.jp/

制作協力
組　版　株式会社PHPエディターズ・グループ
印刷所　株式会社光邦
製本所　東京美術紙工協業組合

　ISBN978-4-569-90014-8

PHP文庫

幸せはあなたの心が決める

渡辺和子 著

シスター渡辺が、幸福に生きるために大事なこと、困っても困らない生き方を説いた、人生の指南書。30万部ベストセラー待望の文庫化。

PHP文庫

お坊さんがくれた涙があふれて止まらないお話

浅田宗一郎 著

月刊誌『ＰＨＰ』の大人気連載の文庫化。小説なのに読むだけで、心が浄化されていく、まるで講話を聞いているような気持ちになる一冊。

PHP文庫

大切なことに気づかせてくれる33の物語と90の名言

西沢泰生　著

読むだけで心の霧が晴れていく！　漫画の名シーンから偉人が残したエピソードまで、仕事と人生の指針にしたい心震える物語と名言が満載。

PHP文庫

コーヒーと楽しむ　心が「ホッと」温まる50の物語

西沢泰生　著

コーヒーが冷めないうちに読み切ることができるショートストーリー。ベストセラー作家が贈る、疲れた心に効く、真実の物語50を収録。

PHP文庫

大切なことに気づき、心ふるえる33の物語と90の名言

西沢泰生　著

脚本をゴミ箱に捨てられた三谷幸喜の話、接待の時に選ぶべきお酒の「正解」……。明日を生きる元気が生まれる、忘れがたい33の物語。